特別区
管理職試験Ⅱ類
事例式論文
必勝法

合格論文の
書き方とポイント

都政新報社

は じ め に

　本書は、特別区管理職試験のⅡ類受験を目指す方々が、事例式論文の勉強に効率よく取り組めるよう、「都政新報」紙上で好評の「特別区管理職試験講座」を再編集してまとめたものです。

　Ⅱ類論文試験の出題事例はパターン化しており、過去の問題を分析して出題内容を把握することは非常に効果的です。本書では、現行の解答字数（1,500～2,000字）となった平成14年度から20年度までの問題を分析して論文例を添削しながら、合格論文を書くためのポイントを分かりやすく説明しております。

　特別区では団塊世代の大量退職に伴い、管理職需要が高まっております。Ⅱ類合格者は即戦力の管理職として区政を担うことになります。

　多忙ななかでの試験勉強は大変ですが、問題意識をもって日々の職務にあたることが何よりも合格論文を書く下地となります。

　本書の活用が、論文試験を突破するための一助となれば幸いです。

　2010年7月

都政新報社　出版部

目　次

はじめに

事例式論文試験の概要と勉強方法 …………………………… 4

課題１　清掃・リサイクルの課題（平成14年度出題）
問題・分析 ………………………………………………… 12
論文例と解説 ……………………………………………… 20

課題２　区民との協働のあり方（平成15年度出題）
問題・分析 ………………………………………………… 28
論文例と解説 ……………………………………………… 36

課題３　高齢化社会への対応のあり方（平成16年度出題）
問題・分析 ………………………………………………… 44
論文例と解説 ……………………………………………… 51

課題４　公共施設の整備運営のあり方（平成17年度出題）
問題・分析 ………………………………………………… 60
論文例と解説 ……………………………………………… 68

課題５　住民参加のまちづくり（平成18年度出題）
問題・分析 ………………………………………………… 76

論文例と解説 ………………………………………… *84*

課題6　公共施設の民営化の進め方（平成19年度出題）
　　問題・分析 …………………………………………… *92*
　　論文例と解説 ………………………………………… *100*

課題7　公共施設の有効活用のあり方（平成20年度出題）
　　問題・分析 …………………………………………… *108*
　　論文例と解説 ………………………………………… *115*

実戦課題　指定管理者制度のあり方（平成21年度出題）　*122*

事例式論文試験の概要と勉強方法

　本書の対象は、特別区管理職選考Ⅱ類を受験される総括係長です。皆さんは、日々組織の要として、困難で責任ある立場の仕事に従事されています。仕事が忙しくて、なかなか思うように勉強が進まず、焦ることがあると思います。誰でも気分の上下はありますし、やる気をそがれることも起きるでしょう。しかし、自分を鼓舞し、あきらめなければ、目標は決して逃げません。

　読者の中には、Ⅰ類の受験経験のある方もいると思いますが、今まで積み重ねた蓄積は決して無駄にはなりません。Ⅱ類の筆記考査はⅠ類に比べて択一式や記述式の問題がないので、そのエネルギーを自己啓発やストレス解消に使うこともできます。

　Ⅱ類で求められているのは、合格直後の4月から、管理職として第一線で活躍できる実践的能力を有した人材です。したがって、日々の業務の実践そのものが試験勉強に即役立ちます。「自治体のミッションとは何か。誰のために、何のために仕事をするのか」を常に頭に置き、区政を担う高い志を持って是非チャレンジしてください。「今年絶対に合格する」と言う強い信念を、試験当日まで持ち続けることが大切です。

試験の概要・実施状況

(1) Ⅱ類選考の概要

　筆記考査は例年9月第1週の土曜日に実施されます。受験資格は、47歳以上56歳未満で、1年以上総括係長職にある人です。合格者は、筆記考査（事例式論文）、勤務評定、口頭試問の成績を総合して決定されます。

　事例式論文は、事務系・技術系同一問題で「特別区政における一般的・具体的諸問題に対し、表現力、理解力、判断力等について、2時間、1題（1,500字～2,000字程度）」です。

(2) 実施状況

　平成21年度の合格者は、事務65人、技術11人の合計76人でした。合格率（39.6％）は15年度（13.2％）の3倍に上昇しています。これは、16年度の制度改正や団塊世代の管理職の大量退職に伴って各区の管理職需要が高まっていることなどが背景にあります。

　つまり、今が合格の大きなチャンスといえます。

勉強の方法

(1) 情報の収集

　日頃から、社会情勢や国・都の動向に関心を持ち、アンテナを張り、新聞やインターネット等で情報を収集します。「内閣府」や「首相官邸」「東京都」「特別区協議会」のホームページや、東京都広報、区政会館だより、各白書

も参考になります。また、都政新報、ガバナンス（ぎょうせい）、地方自治職員研修（公職研）などは、特別区や他自治体の最新情報がみられます。

自区の区長所信表明や行財政運営の基本方針、世論調査なども当然理解しておきましょう。

(2)過去問題の入手

本書で過去の問題・出題課題を把握し、答案作成の参考例としてチェックしましょう。

過去8年間に出題された課題は次のとおりです。

《21年度》

特別区における指定管理者制度のあり方について

《20年度》

特別区における公共施設の有効活用のあり方について

《19年度》

特別区における公共施設の民営化の進め方について

《18年度》

特別区における住民参加のまちづくりについて

《17年度》

特別区における公共施設の整備運営のあり方について

《16年度》

特別区における高齢化社会への対応のあり方について

《15年度》

特別区における区民との協働のあり方について

《14年度》

特別区における清掃・リサイクルの課題について
(3)時間の確保
　勉強は、毎日時間を決めてする方や土曜日や日曜日に集中してする方など、人によって様々です。私は、直前集中型でしたが、ご自身の生活形態や生活リズムにあった時間で行うことで一番能率が上がると思います。いずれにしても、いかに時間を創り出し、効果的に勉強するかが合否を左右します。
(4)場所の確保
　自宅以外にも図書館の自習室や喫茶店、電車の中などを利用すると良いでしょう。また、事情が許せば、有料自習室や、直前にビジネスホテルを利用すれば集中して勉強することができます。
(5)勉強会の活用
　試験対策の勉強会を実施している場合には、可能な限り参加することをお勧めします。資料や模範論文の入手、論文添削が受けられるなどのメリットがあります。また、勉強会をペースメーカーとして活用したり、先輩や仲間の存在でモチベーションを上げる方法もあります。

論文作成にあたって
(1)論文作成のポイント
　①管理職になったつもりで書く
　評論家的、第三者的な表現は、当事者意識や積極性に欠

けます。

　②的確な解決策を書く

　事例に即して書くことが重要です。

　③分かりやすく正確な文章を書く。

　誰が読んでもすらすらと読める、分かりやすい文章を書きましょう。一文は短く簡潔にします（おおむね50字前後、2〜3行程度）。誤字脱字や数字などの引用は、間違えないように十分気をつけます。

　④都・区の動向を踏まえて書く。

(2)レジュメの作成

　多様なテーマを設定し、解答パターンのレジュメをいくつか作成します。キーワードやフレーズを書きためて準備します。

(3)添削と推敲

　自分の書いた論文を他人に見てもらうのは本当に恥ずかしく、気後れする方も多いと思います。しかし、最初から完璧な論文が書ける人はまずいません。上司に見てもらうことは、取り組み意欲のアピールにもなります。

(4)作成の手段

　論文の作成段段階では、パソコンを使ったほうが、手書きに比べてはるかに時間も労力も少なくてすみます。しかし、試験が近づいてきたら、必ず手書きで時間を計って書く練習をしましょう。実際に2,000字を書くには予想以上に時間を要します。

論文の組み立て

　論文の構成には決まりはありませんが、私は起承転結が親しみやすかったので、4段構成としました。各章のはじめにはインパクトのある見出しをつけて、採点者に印象づけます（1行、20字以内）。

　Ⅱ類の論文は、実際の職場で起こり得るような事例が出題されます。事例はある程度パターン化していますので、標準パターンの解答を準備します。試験当日は、事例の分析に時間が必要です。少なくとも第1章と第4章は必ず準備して臨みましょう。

(1)第1章（起）400字
《そもそも論》

　「書き出し3行で勝負しろ」と言われるように、第一印象を決める重要な部分です。具体的な数字や社会情勢を捉えたキーワードを盛り込むなど内容に新鮮味を持たせ、採点者を引きつけるキラリと光る文章にしましょう。

　①導入部は、現在特別区に求められている課題や背景について、国や都の動向を踏まえて記述します。

　②課題のあるべき姿について、自分の考えを述べます。

　③管理職として、この課題にどう対処すべきかを書きます。

(2)第2章（承）600字
《しかるに…問題点の指摘》

第1章で述べた視点を踏まえ、管理職としてのあるべき姿から、事例における問題点を順次指摘します。
　①課長の問題点②各係長の問題点③組織全体の問題点
(3)第3章（転）700字
《そこで…解決策》
　第2章で指摘した問題点について、自分が課長であればどのように対処するかを緊急度、重要度順に、実際に行動する順番に従って書きます。
　①緊急対応策（対外的なことから）②短期的な対応策③中長期的な対応策
(4)第4章（結）300字
《決意表明》
　①第1章で提起した論点と対応して、行政のあるべき姿を再度主張し、積極的に取り組む姿勢を示します。
　②最後に、管理職としての決意表明で格調高く締めくくります。

　Ⅱ類受験の皆さんには業務を通じた豊富な知識と経験があります。日頃から区政に対する問題意識を持ち、管理職としての視点で仕事に臨むことが論文作成にも生きてきます。知識や情報を収集すると同時に日頃から思考のトレーニングをしておきましょう。
　今が最大のチャンスです。試験までのスケジュールを立て、不退転の決意で、最後まであきらめずに取り組んでく

ださい。

課題1 特別区における清掃・リサイクルの課題 (平成14年度出題)

― 問 題 ―

　P区Q部R課は、課の庶務と清掃事務所との連絡・調整を担当するS係及びリサイクル事業を担当するT係で構成されている。R課長は、この4月に着任した。

　R課では、様々な清掃・リサイクル事業を推進してきたが、かねてより懸案となっている生ごみの資源化に向けて、今年度、X町会をモデル地区に指定し、7月から6カ月間、生ごみの回収事業を実施することが決まっている。

　R課長は着任早々、生ごみの出し方の周知方法を決定するため、係長会を開催した。

T係長：「X町会と協議した結果、各世帯が指定場所の専用容器に生ごみを入れ、週2回、回収することになっています。周知方法としては、全世帯を戸別訪問して説明するのが確実だと考えます。このことについて、X町会長がとても心配していました」

S係長：「戸別訪問では、人員と時間がかかりすぎ、R課だけでは対応できないので、X町会にお願いし、ちらしを配布してもらえばいいよ」

T係長：「この事業には住民の協力が欠かせないので、

時間がかかっても戸別訪問して十分説明すべきです。R課の職員だけでは対応できないので、清掃事務所に職員の応援を依頼して対応しましょう」
R課長：「応援についてはS係長が清掃事務所と調整してください。調整がついてから戸別訪問を始めましょう」

　S係長は不満そうであったが、R課長は係長会を打ち切った。

　R課長は、5月に入ってもS係長から報告がないことが気になったが、他の仕事に追われ、そのままにしていた。

　5月末、R課長は、T係長を同席させ、S係長から清掃事務所との調整結果についての報告を受けた。
S係長：「やっと調整がつきました。来週1週間に限り、清掃事務所の職員の応援が得られました。T係長、後はよろしく」
T係長：「えっ。たった、1週間だけなんですか。しかもS係長の協力なしで………」

　R課長は、両係長のやりとりが気になったが、他の会議があったので席を立った。

　翌週から、戸別訪問を開始したが、昼間は留守の世帯が多く、思ったほどの成果が上がらなかった。

　7月、生ごみの回収事業が始まって間もなく、生ごみが専用容器に入れられず放置されているとの苦情が

相次いで区に寄せられた。

　R課長がT係長と対応を協議していると、X町会長から「大変なことになっているぞ。すぐに来てくれ」との電話がかかってきた。

　回収場所に駆けつけると、生ごみが道路に散乱し、辺り一面に悪臭が漂っていた。

X町会長：「区は、住民にきちんと説明したのか。これでは、カラスのえさを町中にばらまいているようなものだ」

　R課長は、ごみをあさるカラスを見つめ、ぼう然と立ち尽くすのであった。

　特別区における清掃・リサイクルの課題について、あなたの考えを述べたうえで、あなたがR課長であれば、この事例の状況についてどのように対処していくか、この事例に即して論じてください。

論文作成にあたって

　ご存じのように、平成14年度から、出題方法が変わりました。特別区が直面している様々な課題、あり方について、自分の考えを述べるという問いが加わりました。

　従って、ここでは、清掃・リサイクルの課題、あり方について述べたうえで、現在の「ぼう然と立ち尽くしてい

課題1　特別区における清掃・リサイクルの課題　　*15*

る」というような状況を自分が課長ならば、緊急かつすみやかにどのように対処していくのかも論じなければなりません。

　そこで、課題・あり方についてですが、独創的なものを求められている訳ではありませんが、自分の考えを明瞭に述べなくてはなりません。語り口としてはこうあるべきとか、何々しなければならない、何々が必要であるというようにまとめます。あわせて、その実現のための組織や管理職のあり方にも書き及べば、次の展開につながりやすくなります。

　その上で、直面する状況にどのように対処していくかについては、筋を立てて論じていくようにします。その場合、前提として、この状況を招いた原因や問題点を具体的かつ明確に指摘していく必要があります。そうした上で、課長としての自分が対処していく仕方を順序立てて列挙していくといいでしょう。

　とにかく、生ごみが散乱していて、辺りに悪臭が漂っている状況ですから、その対応は一刻を争う訳です。緊急にすべき、考えられる事柄を順序立てて書いていきます。あわせて、緊急に対応した後のこと、例えば新たな態勢づくりのような中短期的な取り組みにも触れておくといいでしょう。

事例の整理

それでは、次にこの事例の設定を整理してみましょう。

ここで設定されている組織は、P区Q部R課で、課の庶務と清掃事務所との連絡・調整を担当するS係、リサイクル事業を担当するT係で構成されています。関係する組織としては、清掃事務所があります。

事例に登場する職員、関係者は着任早々のR課長、S係長、T係長、X町会長です。

次に、設定された状況の展開を整理してみましょう。

R課では、様々な清掃・リサイクル事業を推進してきましたが、懸案となっていた生ごみの資源化に向けて、今年度X町会をモデル地区に指定し、7月から生ごみの回収事業を実施することとなっています。

そこで、着任早々、生ごみの出し方の周知方法を決定するため係長会を開きました。担当のT係長は、全世帯を戸別訪問しての説明が確実であること、清掃事務所の職員の応援も得て住民に十分説明すべきことを主張し、X町会長も周知については心配していた旨も報告します。他方、S係長は、戸別訪問は人員と時間がかかりすぎること、R課では対応できないこと、町会に依頼してのちらし配布で事足りると主張し、両係長の意見はまとまりません。

そこで、R課長はS係長に清掃事務所との調整を指示し、調整後戸別訪問を開始することとし、係長会を打ち切ります。その後、R課長は他の仕事に追われ、清掃事務所

との調整についてS係長に任せきりにします。

　ようやく5月末になって、R課長とT係長はS係長から報告を受けます。清掃事務所の応援は、翌週1週間きりで、しかもS係長の応援も考慮しないものでした。R課長はT係長の不安と困惑を知りながら席を立ってしまいます。

　翌週から戸別訪問を開始しますが、昼間は留守世帯が多く成果は上がりません。間もなく回収事業が始まり、専用容器に入れられない生ごみが放置され、苦情が寄せられます。モデル地区のX町会長からもR課長に連絡があり、回収場所に行くと生ごみが道路に散乱し、悪臭が漂う状況にありX町会長も憤慨しています。

　その中で、R課長は途方に暮れてしまいます。

事例の分析

　次にこの事例を分析してみましょう。

　この事例でのR課長が果たさなければならない課題は、生ごみの資源化に向けて7月から、モデル地区に指定したX町会で生ごみ回収事業を実施することです。そのため、生ごみの出し方を各世帯に周知して、回収事業が円滑に実施されるようにすることです。

　しかし、R課には課題に取り組む上で様々な問題点があり、困難な状況を招いてしまいます。

　まず、R課長に見られる問題点です。生ごみの出し方の

周知方法について係長会でS係長とT係長は意見が分かれます。しかし、R課長はそれぞれの意見の検討も調整もしていません。課長の指示に納得していないS係長の態度を知りながら、清掃事務所との調整作業をゆだねます。そして、5月に入ってもそのS係長から報告がないことを気にしながら、何もしていません。さらに、清掃事務所との調整についての報告に対するT係長の不安を顧慮せず戸別訪問による周知結果についての状況も確認しないまま、事業を開始しています。このようなR課長の姿勢は管理職として責務を果たしているとは言えません。

一方、S係長は周知方法について、ちらし配布を町会に依頼すれば事足りると考えるなど、事業に取り組む姿勢が安易です。清掃事務所との調整についても途中報告もしなければ、結果報告も5月末と大分遅くなっています。調整内容についても、T係長との相談もせずに応援期間も1週間と不十分なものです。その上、以後の連絡調整はT係長にゆだね、S係の応援態勢も組まないなど責任ある姿勢とは言えません。

他方、T係長はS係長の清掃事務所との調整に対して、担当係長として全く関与していません。S係長の調整結果やS係の応援がないことに不満や不安を感じながら、R課長にそれらについての課題や懸念、対策の進言、相談をしていません。さらに、戸別訪問の成果が不十分なことをR課長に報告していません。こうして、周知も不十分なまま

で新規事業を開始してしまいます。

　また、組織としてのR課全体のあり方にも問題があります。R課は係間、職員間に事業、課題に取り組む態勢ができていません。このR課は組織内の連携、協力態勢が欠けていて、組織として機能していない状況であると言えます。

　以上、論文作成にあたっての留意点や事例の整理、分析を行いました。これをもとに次から論文例とその解説をしていきます。

論文例

1　循環型社会の実現に向けて

　現在、区政は少子・高齢化、国際化、情報化など様々な課題を抱えている。こうした状況に対応するために、事務事業の見直しや効率的な区政運営、区民と協働していく区政の仕組みや態勢の整備が求められている。

　こうした中で、地球環境の保全や資源の有効活用の視点から、経済発展をもたらしてきた大量生産、大量消費、大量廃棄という仕組みを見直す必要がある。今後は、省資源、省エネルギー、リサイクルを基本とする、環境に配慮した循環型社会に切り替えていかなければならない。また、ごみ減量化の取り組みも家庭ごみは減少傾向にあるとはいえ、更なる推進が求められている。その際、区民、事業者、行政が一体となった資源リサイクルを地域で推進していくことが重要である。

　そのためには、担当組織をあげて課題に的確に対応するとともに、管理職はリーダーシップを発揮して組織を効率的、効果的に機能させることが肝要である。

2　リーダーシップに欠ける組織の問題点

　以上の視点に立って本事例をみると、課長のリーダーシップの欠如をはじめ、以下の問題点を指摘する

ことができる。

　第一に、R課長がモデル事業の重要性を理解していないこと、事業への取り組みが安易なことである。生ごみの出し方の周知方法検討の係長会で、S、T係長の意見を調整していない。また、事業実施にあたっての課題の分析、検討が不十分である。さらに清掃事務所との調整をS係長に任せきりにして、進行状況の確認もしていない。このように、R課長には重要な事業を推進するにあたっての積極的な姿勢が見られず、管理職としての自覚が希薄である。

　第二に、両係長の問題点である。S係長は周知についてはちらしの配布を町会に依頼することで済むと考えるなど、事業に真剣に取り組んでいない。また、清掃事務所との調整もなおざりで、S係として協力しないなど無責任である。T係長は訪問の成果が不十分なのに、その対策もせず、そのことの懸念を課長に報告もしていない。その上、準備が整わない中で事業を実施するなど職務についての自覚と責任感が欠如している。

　第三に、課が組織として機能していないことである。課内は意思疎通に欠け、課題に対する共通理解も取り組む態勢も形成されていない。その結果として厳しい状況を招くこととなった。

3 組織目標を実現できる態勢づくり

　以上の問題点を踏まえ、私がR課長ならば、このような事態を招いたことを反省する。そして、直ちに部長に経過と問題点を報告し、今後の対策について説明するとともに、指示と助言を求める。その上で、次のように対処する。

　第一は、直ちに清掃事務所に連絡し、生ごみが散乱した回収場所を至急清掃するよう依頼する。あわせて、X町会長宅に赴き、不手際を率直にお詫びし、現在講じた対策を伝える。そして、あらためて十分な住民説明を行うことを約束する。また、今後の事業推進について理解と協力をお願いする。

　第二は、緊急に係長会を開き、事業の意義、これまでの問題点を再検討する。その上で、S係長にはあらためて、十分な応援が得られるように清掃事務所と至急調整すること、T係長には、戸別訪問は、S係も含む課全体で取り組むこと、十分な戸別訪問ができる態勢の準備を早急に行うことを指示する。同時に両係長に本事業に対して課が一体となって取り組むことの必要性を説明し、共通認識のうえで、この事業を推進していくことを訴える。

　第三は、今回の事態を契機に、定期的な係長会を開き、課の組織目標の確認や情報の共有化を図り、区民ニーズに適切に対応できる態勢を築く。さらに、全職

員の意識改革と参加意欲の向上を促すため、係ごとの職場会で今回の事例の検証、今後の対策等を検討させる。

4 区民の信頼と期待に応えるために

　区政は刻々と変化する社会環境や課題に対して、的確に対応することにより、区民が豊かで暮らしやすい地域社会を実現していかなければならない。

　そのためには、区民に最も身近な政府として、区の組織が一体となって課題に取り組むことが必要である。そのことにより、高い組織目標の達成が可能となる。その際、管理職の判断力や強い意志、リーダーシップが不可欠である。

　私は区民のニーズに応え、区民の満足度をより高めるような事業展開や組織づくり、職員の育成に努め、区民の信頼と期待に応える覚悟である。

解　説

　まず、論文の構成ですが、4章でまとめました。4章構成はシンプルですし、論文の型として覚えやすいと思います。また、様々な場面でも応用がききます。

　次に、各章の論述にあたってのポイントを整理すると次のようになります。

　第1章では、まず論文全体の出だしとして、特別区の全

般的な課題をいくつか述べます。続けて、それらの課題に対する区政全体の、それも一般的な取り組みを付け加えます。前奏曲のような部分に当たりますので、さらりと書きます。

その次に、課題として与えられている、清掃・リサイクルのあり方について述べます。たとえば、こうしたことが求められているので、こうあるべきとか、こうしていく必要があるというようにまとめるといいでしょう。

前にも述べましたが、事前に準備していた課題ならば、いいのですが、予想していなかった課題の場合もあります。その場合でも、区政に関連した大事な課題が出されます。特殊なものが出される訳ではありません。どこかで話し合ったり、読んだりした事柄ですから、落ち着いて考えましょう。関連する事業や対策、用語が頭に浮かんでくるはずです。そうしたら、並び方を考えながらまとめていきます。その場合でも、「勉強の仕方」でも述べましたが、時間配分には注意しましょう。

その後には、それまで述べてきた全般的な諸課題や、清掃・リサイクルのあり方に対応できる組織や管理職のあり方について触れます。こうすると、次の章につなげやすくなります。この章は400字程度でまとめます。

第2章では、前の章を受けるようなかたちで、書き出すといいでしょう。事例の個別具体的な問題点をあげていきます。誰が、何が、どのように良くなかったのか、どうし

て、厳しい状況になってしまったのかを、分析して論述します。

この事例もそうですが、これまで出題されている事例では、課長は課長なりに、係長は係長なりに、それぞれ問題点が見え隠れするかたちで展開されています。また、はっきり書かれていませんが、課全体も積極的に課題に取り組むようには設定されていません。こうした状況を読み解きながら、課長、係長、組織全体の問題点を述べていきます。

最初に、課長の問題点を指摘していきます。どの場面でどこが問題だったのか、何が至らなかったのか、ということを挙げます。そして、管理職としての自覚の不足についても加えます。

次に、両係長の問題点を指摘します。S係長は当然やらなければならない何をやらなかったのか。T係長は事業を円滑に実施するためにすべき何をしなかったのかを指摘します。係長としての責任感の欠如についても加えます。

そして、明確に表現されていませんが、組織としての課全体、職員全体が組織として機能していないことを付け加えます。この章は600字程度にまとめます。

第3章では、前章で指摘した問題点について、私がR課長ならば、緊急に行う様々な対処について具体的に述べます。

最初に、これも事例論文では登場していませんが、当然

すべき直属の部長への報告や相談についても触れておいた方がいいでしょう。

　続けて、事態収拾のために緊急にしなければならないこと、とりわけ対外的な対策、対区民の対策について述べます。つまり、まず一刻を争う回収場所に散乱している生ごみの処理です。同時に事業の周知方法について懸念していた、モデル地区のX町会長へのすみやかな対応、お詫びと説明です。

　次に、同じく早急に行う課内の対策です。係長会の開催と2人の係長が、緊急に行うべき具体的対策についての指示を述べます。あわせて、両係長が今後、事業に対しては課をあげて取り組むようにすることを加えます。

　続いて、緊急になすべきこと、あとにやっておくべき中短期的な組織上の取り組みなどを加えます。この章は、700字程度にまとめます。

　第4章は、3つの章で分析した課題を念頭においた上で、行政や管理職、組織の責務やあるべき姿などを述べます。

　その上で、最後に自分自身の決意、覚悟を述べてまとめます。ここは簡潔に300字程度にまとめます。

　限られた時間で、決められた字数にまとめるためには、ある程度練習が必要です。書き出していくと、2,000字という字数は思ったほど長いものではありません。バランス

よくまとめられるように、練習を繰り返すことが必要です。

課題2　特別区における区民との協働のあり方
（平成15年度出題）

問題

　P区Q部R課は、課の庶務と区民保養所を担当するS係、地域団体との連絡調整と区民まつりを担当するT係及び各地区ごとにもうけられた15カ所の区民センターの管理運営を担当するU係で構成されている。R課長は、この4月に着任した。

　P区では、従来の行政主導の区政運営を見直し、NPOやボランティア、地縁団体などと区との協働を推進するため、昨年度末に協働のあり方についての基本方針が策定された。R課においても、その基本方針に沿って区民センターの運営を見直すために懇談会を早急に立ち上げることになっていた。

　関係団体へのあいさつ回りを終えた4月上旬、R課長は、懇談会設置についての進ちょく状況を確認するため係長会を開いた。

U係長：「懇談会のメンバーについては、各区民センターの利用者で組織する運営協議会から1名ずつと公募4名、それに区内で活動するNPOの連絡協議会の代表2名で構成しようと考えています」

T係長：「区民センターは、地域のための施設です。町会からの代表をメンバーに入れなくてよいのです

か。今までも町会には区民センターの運営に協力してもらっていますし……」
U係長:「運営協議会のメンバーには町会も入っていますので問題はありません。それより、従来の枠を越えたNPOの新しい視点を採り入れることの方が、区の基本方針にかなっています」
S係長:「公募委員の選定にも時間がかかりますので、あまり課内で議論している余裕はありません」
U係長:「各地区の町会からの代表には、私から説明しておきますので、大丈夫ですよ」

　R課長は、T係長の発言が気になったが、早急に懇談会を立ち上がることが重要だと考え、U係長の意見を採り入れ、町会への説明を任せることにした。

　4月中旬、R課長は、町会への説明状況が気にかかり、U係長を呼んだ。
U係長:「日程調整が厳しく、なかなか進んでいません」
R課長:「時間は限られています。とにかく急いでください」

　R課長は、町会の反応が気になったが、U係長からその点について特に報告がなかったので問題がないものと思った。

　数日後、X連合町会長からR課長に電話があった。
X連合町会長:「U係長から懇談会の件で話があった

が、NPOの代表はメンバーに入れるが町会代表を入れることは考えていないそうじゃないか。今まで区にいつも協力してきたのに、これからは、私たちを無視してNPOと一緒にやっていくということか。区がそういう考えなら、今後区の事業には一切協力できない」

X連合町会長の激しい剣幕に気おされ、R課長は自分の認識の甘さを痛感しつつ受話器を握りしめるのみであった。

特別区における区民との協働のあり方について、あなたの考えを述べたうえで、あなたがR課長であれば、この事例の状況について、どのように対処していくのか、この事例に即して論じてください。

事例の背景

本事例ではまず、「特別区における区民との協働のあり方について」の記述が求められています。

今、協働がなぜ求められているのかを考えてみましょう。

国から地方へと権限の委譲が進んでいますが、分権の目的は個性ある地域と豊かな暮らしをつくることで、画一から多様化への流れは、自治意識を高め、地域を反映した区

民主体のまちづくりの必要性を強めています。さらに、情報化や少子高齢化による地域社会の変化は、区民ニーズを拡大し多様化させます。活力ある地域社会や生きがいのあるくらしを創造していくためには、行政だけで公共サービスを支えることが困難になっています。区民との協働により各々の特性や資源を生かしあって事業に取り組むことがこうした課題、ニーズに応えていくことができると考えられます。また、協働を進めることにより、区民にとっては行政に対する理解が進め、行政を身近に感じることができるとともに、よりくめの細かい公共サービスを受けることが可能になります。

　このような中で住民が行政に参加するには、法令等で制度化されているもの以外でも、広報・広聴制度、パブリックコメント、各種協議会等への参加、住民投票などがあります。近年では、自治運営を担う主体である市民、議会及び長その他の執行機関の役割、責務等を明らかにする自治基本条例などを定める自治体も出てきています。

　近年区立施設は、区の直営から運営委託、指定管理者制度の導入など民間活力を生かした運営が進んでいます。特に区民に一番身近な区民センターの運営はNPOや町会など多様な団体が実施するようになってきました。

　コミュニティを支える組織として地域の核となるのは、地縁的団体である町会・自治会です。役員の高齢化や加入率の低下など課題はありますが、組織力を考えると、最も

頼りになる組織です。また、近年NPOも様々な分野で設立され、新しい地域活動の担い手となっていますが、組織力の弱い団体も見受けられます。このため、行政運営を住民と協働で行う場合、町会・自治会を軽視することはできません。

事例の整理

　ここで設定された組織は、P区Q部R課で、課の庶務と区民保養所を担当するS係、地域団体との連絡調整と区民まつりを担当するT係、及び区民センターの管理運営を担当するU係で構成されています。登場する者は、着任早々のR課長、S係長、T係長、U係長、及びX連合町会長です。

　次に事例の概要です。

　P区では、昨年度末に協働のあり方についての基本方針を策定しました。R課でも、その基本方針に沿って区民センターの運営を見直すために懇談会を早急に立ち上げることになりました。4月上旬、R課長は、懇談会設置についての進ちょく状況を確認するための係長会を開きました。ここで係長達の中で町会のメンバーについての取り扱いについて、意見が分かれているのを知ります。R課長は、町会のメンバーを入れないことが気になりながら、早急に懇談会を立ち上げることが重要と考え、U係長の意見を了承し、町会への説明をU係長に任せてしまいます。

4月中旬、R課長は、U係長の町会への説明が進んでいないことを知りますが、急がせるだけで、町会の反応が気になっても特に確認せず、問題がないものと思っています。

　後日、X連合町会長から、「懇談会にNPOの代表はメンバーに入れるが、町会代表を入れることを区は考えていない。区にはいつも協力してきたのに、町会を無視しNPOとやるのであれば、今後区の事業には一切協力できない」と激しい剣幕で抗議されてしまいます。

　R課長は自分の認識の甘さを痛感させられた。

　以上が事例の状況です。

事例の分析

　R課には、区民センターの運営を、区の基本方針に沿った区民との協働による運営へ転換することが求められています。そのため、懇談会のメンバーを早急に選定し、見直しに着手する必要があります。

　この事例の問題点は以下の通りです。

　まず、R課長の問題点です。協働のあり方についての区の基本方針を、係長達に十分認識させていません。また、係長会内部で意見が分かれている町会の取り扱いについて、十分論議させないばかりか、T係長の意見が気になっているにもかかわらず、懇談会に町会のメンバーを入れないことにして、U係長に町会への説明を命じています。さ

らにその後の進ちょく管理という基本的な管理者としての役割を怠っています。

次に、係長達の問題点として、短期間で懇談会を立ち上げるためには、係長が連携をとり、それぞれの役割を果たしていく必要がありますが、それがなされていません。

U係長は、町会との関係を軽視するとともに、早急に懇談会のメンバー選定が求められるにもかかわらず、町会への説明を怠っており、町会の反応などを課長に報告もしていません。

S係長は、庶務担当係長でありながら、係長会での議論を途中で打ち切ろうとするなど、課の方針の決定に係長会を活用せず、新任の課長を補佐するという役割を果たしていません。

T係長は、町会との連絡調整が本来業務でありながらU係長の町会への説明に対する協力を怠っています。

さらに、R課は、組織としての意思統一ができておらず、協働に対する区の基本方針が正しく認識できていません。そのため、協働を進める上で重要な、住民との信頼関係を築くための組織内の協働態勢が構築されていません。

この背景には、着任早々とはいえR課長が適切なリーダーシップを発揮していないことが挙げられます。

論文の展開

まず、事例の背景でふれたことを念頭に置き、特別区に

おける区民との協働のあり方について、自分の考えを自分の言葉で表現します。次にその考え方に立った管理職としてのあり方を宣言します。問題点の指摘は、単に登場人物の現象面のみを指摘するのではなく、背景など文面に表れていないことも指摘します。解決策は、早急に必要な取り組み、優先度の高いことをまずは述べ、次に中長期的な解決策を述べます。最後に管理職としての事例をふまえた上での決意表明を行います。論文全体が一つに流れとなり読みやすい論文になっていることが大切です。

── 論文例 ──

1　21世紀の都市経営は協働から

　地方分権改革推進法が制定され、第2次地方分権改革がスタートした。新たな地方分権改革は、国と地方の役割分担を明確化し、「地方が主役の国づくり」への転換を目指そうとしている。こうした中で特別区には、住民満足度の高い自治体を主体的に創出していくことが求められている。

　地方分権時代は、地域特性を的確に捉えた区政運営が重要である。都市経営を効果的・効率的に行うには、従来の行政主導型から地域の広範な住民との協働型区政運営に転換することが必要である。協働の推進には、区民に積極的に情報提供を行い、計画段階から区民の参画を求める。さらに、実施、運営まで対等なパートナーとしていく。管理者は職員に区民としての視点や、生活者としての発想を持たせる。時代の要請を区政に反映させるため、明確に方針を示し、組織目標に一致して取り組む組織を構築する必要がある。

2　目標達成に課題のある職場

　このような観点から、本事例において、協働化を進める組織運営上の課題は以下の通りである。

　第一に、R課長は、区の協働のあり方についての基本方針を係長達に十分理解させていない。懇談会メン

バーの選定についても方針を明確に示すことなく進めている。また、係長会で気になった発言があってもそれを放置するなど、詰めが甘い。さらに町会の代表をメンバーから外し、説明も係長に任せてしまうなど町会を軽視している。

この背景には、R課長の協働に対する問題意識の低さと管理者としてのリーダーシップの不足が挙げられる。

第二に、U係長は、区民との協働を進める上での町会との連携の重要性を軽視している。また、早急に懇談会を立ち上げる必要がある中で町会への説明の進め方が遅く、課長への報告を怠っている。

S係長は、庶務担当係長でありながら、係長会での議論を深めようとせず、課長を補佐するという役割を果たしていない。

T係長は、町会との連絡調整が本来業務でありながら、U係長の町会への説明に対する協力をせず、消極的である。

第三に、R課は、係長間の意見の相違があり、協働についての認識が共有化されていない。また、組織目標に一丸となって取り組む組織の協働体制が構築されていない。

3 区民との協働を目指す体制を築く

以上の課題を解決するため、次のように取り組んでいく。

第一に、U係長から町会への説明の状況を確認し、問題を整理する。次に、係長会を開催し、協働についての区の基本方針を十分に認識させ、懇談会のメンバーの選定基準を作成するとともに委員の選定を命じる。多様なメンバーとなるよう配慮させるとともに、町会の代表や地域の利用者を入れるよう方向性を示し、期限を定めて人選を行わせる。これらを指示した後、Q部長にX連合町会長からの苦情や、これまでの経過を報告する。また、今後の進め方を説明し、指導を受ける。その後U係長、T係長を同行し、X連合町会長を訪れこれまでの進め方について謝罪するとともに、懇談会への町会代表の参加を依頼し協力をお願いする。

第二に、U係長に対しては区民との協働にはコミュニティの要の一つである町会との信頼関係の構築が重要であることを納得させる。また、適時適切な課長への報告は管理者の判断に欠かすことはできず、係長の重要な役割であることを説明する。S係長には、係長会の運営を任せ、その中から庶務係長としてのリーダーシップを身につけさせていく。T係長には、目標を達成していくには各係長の協力なくしては成果を上

げることができないことを、熱意をもって話す。

　第三は、組織の変革を行うため、係長会を定期的に開催し、現場で起きていることを把握する。会議では課内の課題を明らかにしながら係長に解決策について論議させていく。このようにして、成果を生み出す組織力の向上を図る。

4　住民満足度の高い地域社会を実現する

　刻々と変わる社会状況の中においても、住民生活に密着した区政運営は一時も停滞することは許されない。地方分権社会において、住民満足度の高い地域社会を実現していくには、地域住民との協働で取り組む多様で的確な区政運営が求められている。

　新たな行政課題に対応するため、住民とともに最善のサービスを提供する気概を持つ職員を育成していく。このため管理者として、これまで以上に組織や職員の意識を変革していかなければならない。私は常に自己研鑽に励み、明確な方針を示し、社会状況の変革による新たな課題を解決するための区政運営に果敢に取り組んでいく所存である。

解　説

　問題文を読むときには、最後部に書かれている、「特別区における区民との協働のあり方について、あなたの考え

を述べた上で」という部分を確認し、これを踏まえて問題文を読みます。読みながら登場人物や組織の問題点についてメモを作ります。このメモを基にレジュメを作ります。このレジュメをしっかり作っておくと、指摘した課題に対する解決策を漏れずに書くことができます。

 各章の論述のポイントは次の通りです
 第1章（起）は、まず採点者の目に触れる部分です。課題に関しての理解や見識が問われるところです。特別区が置かれている課題についての認識を記述し、これに対して区としての対応、目指すものを述べます。試験の直前まで国や東京都、特別区長会などの動きを捉え、内容が古くならないよう気をつけます。

 次に、課題の「特別区における区民との協働のあり方」について、あなたの考えを述べます。区民との協働は、これまでのように区民の意見を求めるだけから、区民とともに施策について企画する、さらに区民に運営を任せるといったやり方に変わってきています。協働を単に経費を低くするための手段とせず、区民の多様性に効果的に応える手法と捉える必要があり、対等な関係を築くという視点が必要です。

 ここの部分は、過去の事例を参考にしながら、この論文例の「区民との協働のあり方」のほかに「少子化対策」「高齢化施策」「安全・安心のまちづくり」「資源循環型社

会への対応」「区民施設の効率的な活用」「生涯教育」「個人情報保護に配慮した区政運営」「障害者施策」などの課題について準備をしておきます。

　最後にここまで述べてきたことに対応するための管理者としての責務・リーダーシップについて述べます。この部分で示したテーマは最後まで一貫することが大切です。

　第2章（承）では、第1章の視点を踏まえ、事例における課題を記述します。

　まずは、当面の課題、次に中長期的な課題を記述します。管理者の課題、係長達の課題、組織の課題と分けて書くと書きやすいかもしれません。

　第一に、課長の安易な姿勢や方針を示さなかったなど、どのような点に問題があったのかということを記述します。事例をいくつか挙げ、その背景に触れることが必要です。

　次に、それぞれの係長の問題点の指摘です。U係長の町会との連携に対する考え方の問題点や、するべきことで何をしていなかったのか、S係長の庶務担当係長としての取り組みの不足、T係長の消極性などを列挙し、評価を加えていきます。

　最後に当該組織上の問題点を取り上げます。課全体の組織としての弱点やその背景等を記述します。

　第3章（転）では、第2章の指摘すべてに解決策を述べます。

第一に、R課長としてどのように対処していくか、緊急なものから時系列で具体的な解決策を述べます。自分自身が管理者として情熱を持ち、強力なリーダーシップを発揮して解決策を展開することが大切です。

　本事例では、現状の把握がまず必要になります。次に係長会を開催し、係長達に区の協働に対する考え方を示し、懇談会メンバーの選定基準について具体的な指示を示し、期限を定めて選定を命じます。対応策や今後の方針を課として考えた後、部長に報告を行うとともに指導を受け、その後、連合町会長への説明と続きます。

　次に、各係長に対する指導について具体的に記述します。前の章での問題点に対応した解決策を述べていきます。

　最後に組織の課題についての具体的な対応策です。この項目は、中長期的な組織としての取り組みについて記述します。事前に用意しておくことも有効です。

　第4章（結）では、第1章で述べた特別区での課題について、管理者としての積極的に取り組む姿勢、決意表明や組織の使命を実現できるような組織のあり方を格調高く、情熱が感じられるよう論じます。

| 課題3 | 特別区における高齢化社会への対応のあり方　　　　　　　　　（平成16年度出題） |

問 題

　P区Q部R課は、課の庶務と各種高齢者事業を担当するS係及び高齢者福祉施設の維持管理と整備を担当するT係で構成されており、R課長は、この4月に着任した。

　P区では、再編成で廃止されたA・B・Cの三つの旧出張所を活用し、高齢者福祉センターを2カ所、子育て支援センターを1カ所整備する計画がある。6月にはその整備方針について、議会報告と住民説明を行うことが決まっている。

　4月中旬、R課長は、高齢者福祉センターの設置場所検討のため、係長会を開いた。

T係長:「設置場所については、企画課からR課と子育て支援を担当するV部W課とで調整するように話がありました。既にW課との打ち合わせで1カ所が旧A出張所で決まっています。残り1カ所については、W課に要望が寄せられているようで、まだ決まっていません」

S係長:「旧B出張所だと、高齢者福祉センター配置バランスや交通の便が良いので、利用者に喜ばれますよ」

T係長：「旧C出張所は面積が広いので、より多くの人が利用できます。それぞれのメリットを十分検討のうえ、W課と調整したほうがいいと思います」

S係長：「T係長、今頃そんなことを言っていては、議会や住民説明に間に合わないぞ。課長、W課が決めないのなら、旧B出張所にすべきです」

T係長：「なにを言っているのですかS係長、もっと慎重に検討しないと……」

R課長：「まあ、時間もないし、R課としては、旧B出張所でいきましょう。T係長、W課とその方向で調整を進めてください」

　R課長は、T係長の不満そうな態度が気になったが、S係長とT係長とのこれ以上の対立を避けるために、係長会を終わらせた。

　その後、R課長は会議やあいさつ回りに追われ、W課との調整をT係長に任せきりにしていた。5月上旬、高齢者団体連合会のX会長がR課に来た。この日は、R課長とT係長が出張のため、S係長が対応した。翌朝、S係長は、R課長に話の内容を報告した。

S係長：「高齢者福祉センターの2カ所の整備方針について話をしました。X会長は、交通の便が良い旧B出張所に設置されることを大変喜んでいました」

R課長：「区の方針が決まる前に、そういう話をしてもらっては困るよ。ところで、T係長、W課との調

整はどうなっていますか」

T係長：「W課からも話がありましたが、施設の緊急安全対策に追われ、余裕がありません。旧B出張所案は、もともとS係長の意見だから、S係長が調整すればいいんです」

　R課長がT係長の言葉に驚いているところに、Y区議から電話がかかってきた。

Y区議：「X会長から聞いたが、旧B出張所に高齢者福祉センターを設置するというのは本当か。W課では、そのような話はまだ決まっていないと言っている。旧B出張所は子育て支援の拠点として利用することを以前から区長に要望してきた。いったいどうなっているんだ。今度の議会で問題にする」

　R課長は、受話器を握ったまま、途方に暮れてしまった。

　特別区における高齢化社会への対応のあり方について、あなたの考えを述べたうえで、あなたがR課長であれば、この事例の状況について、どのように対処していくか、この事例に即して論じてください。

事例の背景

　本事例では、「新たな行政需要への対応と区有施設の有

効活用」に向けた記述が求められています。

　どのような切り口で記述するかは、これまでの職務経験やそれぞれの区がおかれている状況などでも変わると思います。しかし、多かれ少なかれどこの区においても共通の課題のはずです。まずは区を取り巻く社会状況なども織り交ぜて、記述に当たってのポイントを整理してみます。

　これまで、医療技術の進歩や行政あるいは様々な団体における健康維持・増進に対する取り組みにより、わが国の平均寿命は年々伸び（女性86歳）ており、男性はアイスランド国と並び79歳で世界第1位、女性は86歳で世界単独第1位となっています。そして、団塊の世代の方々の大量退職が始まり、今後ますます高齢化が進展していく状況下にあります（平成16年当時）。

　地方自治体はこうした次々に発生する新たな課題に対して、効率的で効果的な行政運営に努め、限りある財源を必要な事業に重点的に配分していく必要があります。

　そして、高齢者の方々を新たな地域社会の担い手として受け入れる、地域社会全体の仕組みづくりを支援・構築していくことが求められています。

事例の整理

　まず、組織の構成ですが、この課は高齢者福祉施策を主業務としており、「課の庶務と各種高齢者事業を担当するS係」「高齢者福祉施設の維持管理と整備を担当するT

係」で構成されており、登場人物は、R課長、S係長、T係長、X高齢者団体会長及びY区議です。

次に、本事例の概要です。R課長は着任後の4月中旬、課の組織課題である高齢者福祉センターの設置場所の検討のため係長会を開催しました。

係長会において、すでに旧A出張所については高齢者福祉センターへの転用が決まっており、もう1カ所をどこにするか子育て支援の所管W課と調整する必要があることを知らされます。また、S係長からは交通の便や区内全体の配置バランス等を考慮し、旧B出張所が良いという意見を聞き、T係長からは旧出張所のB及びCについて、それぞれのメリットを十分検討してW課と調整すべきという慎重論を聞きました。

しかし、R課長は時間がないことを理由に安易に旧B出張所を高齢者福祉センターにする方向で係長会を終わらせてしまいました。

その後も、調整状況についてT係から聴取することもせずに時を過ごしてしまいました。

5月上旬、R課長が不在の時にX会長が同課を訪れた際に、軽率にもS係長は高齢者福祉センターの2カ所の整備方針について、それがあたかも区の決定方針であるかのように説明をしてしまいました。

そして、その説明をS係長から受け、T係長にW課との調整状況を尋ねていたところにY区議から抗議の電話

が入り、R課長は途方に暮れてしまいました。

事例の分析

　まず、今回の設問においては、高齢者福祉センターと子育て支援センターの整備計画の方針について庁内合意の上決定し、議会報告と住民説明を6月には行うことが決まっています。4月に着任ですから時間的に厳しい制約がある状況です。そうした事柄も念頭におき、本事例の問題点を指摘してみます。

　第一に、R課長は課の重要課題である高齢者福祉センターの設置について、とても安易な取り組みをしています。係長会などを通じて、課内における十分な議論に基づくコンセンサスも得ることなく、時間がないからといって、高齢者福祉センターを旧B出張所と決めるとともに、T係長の不満をよそにW課との調整を一方的に任せています。また、その後、必要な調整や適切な指示など、進行管理を全く行っていません。

　こうした課長の態度は、管理職としてあるべき姿を大きく逸脱しており職務怠慢以外の何ものでもありません。

　第二に、S係長は庶務担当係長という課のまとめ役の職にありながら、その責務を果たしていません。さらには、課長が不在時にX会長に対して、独善的に旧B出張所が高齢者福祉センターで決まりであるかのように口外するなど、区政情報の流出に注意すべき立場にありながら、その

重要性を全く認識していません。また、T係長は高齢者福祉センターの設置場所について慎重論を持っていたが、そのことが反故にされた後は、旧B出張所利用の案がS係長の案だからと言って協力をしないなど課の中心的役割である係長の自覚に欠けています。

　第三に、課全体が課題を解決するための組織になっておらず、課員全体に対して組織目標の共有化が図られていません。言い換えれば、R課長が課の組織課題の重要性を認識していません。そして、部下を指導・育成しながら課題の解決に柔軟に対応できる組織体制を確立していくという本来リーダーがなすべき職責を果たしていません。

論文例

1　前例のない高齢化社会

　2007年版「高齢社会白書」によれば、我が国の2055年には総人口に占める65歳以上の高齢者の占める割合が40％を超えると言われており、前例のない高齢化社会の進展への対応は特別区においても最重要課題の一つである。

　そうした中、地方自治体は高齢者の方々の持つ能力や長年培ってきた技術や知識などを地域社会が享受できるよう、また、高齢者の方々の生きがい作りや生涯学習なども視野に入れ、生き生きと元気でいつまでも活躍できるよう、支援していくことが求められている。

　このような社会ニーズに的確に対応していくためには、事務事業の効率的・効果的な執行はもとより、創意工夫を重ね限りある財源を最大限に活かし、課題解決に取り組む必要がある。

　併せて、地域住民との強力なパートナーシップのもと、「高齢者＝支えられる人」という従前の概念ではなく、「高齢者＝新たな地域社会の担い手」として、地域社会全体の仕組みづくりを支援・構築していく必要がある。

　そのために管理職は、常に社会情勢や区民ニーズの的確な情報収集に努め、フレキシブルな行政対応が行

えるよう組織目標の明確化と共有化を図っていかなければならない。そして、団塊の世代の大量退職による区民サービスの低下などを招かぬよう、職員の資質の向上に努め、先導していかなければならない。

2　組織といえない組織

以上のような観点から本事例をみると、次のような問題点がある。

第一に、R課長が新たな行政課題への対応と区有施設の有効活用について、区政運営上重要な課題であり、時間的な制約がある中で課としての方針を打ち出していかなければならないことを認識していない。

また、高齢者施設の設置場所の検討のため係長会を開きながら、S・T各係長の意見調整も図らず安易に旧B出張所と決め、W課との調整をT係長に任せ、その後の調整状況を聴取することもなく、進行管理を怠るなど管理職としての職務を放棄している。

第二に、各係長にもそれぞれ問題がある。S係長は高齢者福祉センター全体の配置バランスと交通の便の良さから、勝手に旧B出張所にすると決め込み、課長の了解もなしに区政運営情報をX会長に話すなど情報管理の重要性を全く無視している。そして何より、課全体を取りまとめていくという庶務担当係長としての役割を果たしていない。

次に、T係長は旧B・C出張所それぞれのメリット・デメリット等を十分検討のうえ高齢者福祉センターの設置場所を決定すべきと慎重な意見を持っていながら、課長やS係長を説得する努力を全くしていない。また、課長にW課と調整しておくようにと指示されたにもかかわらず、W課との調整状況について課長への報告もしておらず、最終的には旧B出張所案はS係長の案だからといって投げ出し、課の組織目標完遂のための組織の核となる係長の職務を放棄している。

　第三に、各係間のコミュニケーションが図られていないため、情報の共有化は無論のこと組織目標の明確化がなされていないため、組織全体が一つの目標に向かって突き進むという、組織の本来の機能がマヒしており、組織といえる状況になっていない。

3　課題の早期解決に向けて

　私がR課長であれば、こうした事態を招いたことを深く反省し、次のように事態の収拾を図る。

　第一に、早急に施設設置に関するこれまでの経過や情報収集を行い、課題・問題点の洗い出し等を入念にし、自分自身で方針の決定を行う。そして、部長に対してこれまでの一連の経過と今後の方針について説明し了承を得る。

第二に、Y区議及びX会長に連絡を取り、「直接出向いて未決定の区政情報を説明した不手際などを誠心誠意詫び、今後は、議会や区民の意見・要望を踏まえ庁内での調整を進め、区の方針を決定していくことを丁寧に説明して納得を得る。さらに、今後とも区政にご協力をいただくよう要請する。

　第三に、緊急の係長会を開催して、高齢者福祉センターの設置場所についての課長自身の考え方を明示し、組織が一丸となってこそ成し得る事業であることを説明する。

　T係長には期限を区切ってW課と調整をするよう指示する。S係長にはT係長をバックアップするとともに事業全体のスケジュール管理等を行うよう指示する。そして、今後は係長会を定期的に開き、情報交換を密にするなど組織目標の共有化が図れる組織作りに全力を尽くしていく。

4　クオリティーの高い行政

　特別区を取り巻く環境の変化は著しく、少子高齢化対策、地球環境規模での環境対策、安全・安心のまちづくりなど、重要度の高い解決すべき課題が山積している。

　こうした課題の解決にあたっては、従前の方策・方法等にとらわれることなく、柔軟な発想により区民本

位でかつクオリティーの高い行政運営を目指し、区民の信託に応えていかなければならない。

そのため管理職は現場第一戦のリーダーとして、組織目標の明確化と共有化を図り、職務研修等に加え、積極的にOJTを推進し職員のスキルアップを図ると同時に、個人が持つポテンシャルを最大限に引き出し、いかなる社会状況下にあっても臆することなく、課題解決に取り組める活気に満ちた組織を作り上げていく必要がある。

私は管理職としてその職の重責を自覚し、不断の自己研鑽はもとより部下の指導育成に努め、活力ある組織作りに邁進する所存である。

解 説

各章の記述のポイントは次のとおりです。

第1章（起）の部分についてはこれから記述する論文の入り口です。そして、論文全体の流れ（区を取り巻く社会状況がこうであり、そこから発生する行政概要がこうで、しかし、厳しい財政運営を迫られている、だからこのようにしなければならないというように）を形成するものなので、練り上げたものを何本か準備しておく必要があります。

なお、これから数年間、長年にわたって区役所を背負ってこられた団塊の世代の方々がたくさん退職されていきま

す。従って、そのことによる戦力不足が発生しないための対策なども付け加えると良いと思います。

また、社会状況や国等の動きも常に直近の情報を押さえ、記述が古いものとならないよう、準備してある論文の更新を忘れないようにしてください。

具体的にはそのように記述した上で、理想の管理職像と役割を自分なりの言葉を用いて、まさにR課長になったつもりで書いていきます。このことは第2章の問題点や第3章の解決に向けた行動に連動していきます。そのつながりがない場合には、採点者がこの受験者は本当に管理職として職務を遂行していけるだろうか？と疑問をもつ結果となり、良い採点をいただけません。

第2章（承）では、第1章で記述した管理職の理想像を頭に浮かべながら、事例における課長の問題点、各係長の問題点、そして組織全体にかかわる問題点について列挙していきます。

課長以下、それぞれの問題点をあらためて簡単に記載します。

まず、課長の高齢者福祉センターに対する安直な姿勢やその仕事の進め方等について、具体的に事例を何点かあげて指摘します。

次は、課組織の中枢を担う立場にある各係長の問題点の指摘になります。総括係長であれば長い経験の中でご存知かと思いますが、複数人の係長がいる中で、特に、庶務を

担当する取りまとめ的な係長がしっかりとしている場合は、この事例のようにまで最悪の状態に至ることはまずありません。

　事例の大半はすべての係長に問題があるため、相互協力が働かず、いわゆる横の連携が取れていない状態や係そのものが機能不全を起こしている場合など、そうした各係長の問題点について、事例を挙げ記述していきます。

　最後は、課全体に潜在する組織的な問題とその背景を記述します。ここもある程度はパターン化することができますので、過去の事例を引用するなど自分なりの言葉に置き換え、事前に簡便・適切な文言を準備しておくといいと思います。

　第3章（転）の全体の流れとしては、対外的にすぐ対応しなければならない事柄から始まり、短期的な取り組み、中期的な取り組み、そして長期的な取り組みへと移行し記述します。

　まずは、自分なりに緊急事態を収拾するための方策を時系列に照らし検討した上で、このような事態を招いたお詫びと今後の方針について上司の了承を得ます。課題の解決に向けてはスピードが要求されるものもありますので、事例に即した形で記述するよう心がけてください。

　次に、係長会を開き課題解決に向けた課長自身が描くストーリーとその進め方を示します。そして、各係長に期限等を区切って具体的な指示をします。さらに、今回の出来

事を教訓として、組織目標達成を行える組織づくりについて記述します。

　第4章は、課長になった自分自身がどのように職務を遂行していくかの心意気というか決意の表明です。最終章になりますので、第1章で提示した区政の課題に対応するようにして、言い回しや表現などが重複しないよう、かつ、格調高く記述してください。なお、ここも第1章と同様に事前に準備しておきましょう。

課題3 特別区における高齢化社会への対応のあり方

課題4　特別区における公共施設の整備運営のあり方　（平成17年度出題）

問 題

　P区Q部R課は、課の庶務や地域振興を担当するS係、公会堂の管理運営や建て替えを担当するT係で構成されており、R課長は、この4月に着任した。

　P区では、老朽化が進んだ公会堂をコンサートホールや集会室を備えた区のシンボル的は文化施設に建て替えることが決まっている。

　着任早々、R課長は、Q部長から呼ばれた。

Q部長：「公会堂の建て替えについては、民間企業の資金やノウハウを生かした方法で行うようにと、先ほど区長から指示があった。各種の方法を検討のうえ、6月上旬までに方針をまとめて欲しい。地元との関係も十分留意するように」

　R課長は、早速、S、T両係長を呼んでQ部長の指示を伝え意見を求めた。

T係長：「民間活力を導入するのであれば、効率性や経費節減から考えるとPFI事業で実施し、しかも建設から管理運営まで一括して行う方が良いですよ」

S係長：「T係長の言うやり方だと、地元の意向が反映されないんじゃないか。公会堂のあるX町会長からは、新しい施設の中に設置するレストランや売店を

地元商店街に任せてほしいという要望が出されているんだ」
T係長：「何を言っているのですか。区の厳しい財政状況では、PFI方式でやるのが当然ですよ。区民全体の利益を考えれば、地元町会の意向だけを受け入れる訳にはいきませんよ」
S係長：「X町会長には、公会堂の建て替えについて地元住民や商店街の調整などいろいろと協力してもらうのだから、もっと配慮しないといけないよ」

　R課長は、S係長の意見も気になったが、T係長の意見がもっともだと思い、T係長に方針案を作成するよう指示してその場を終わらせた。

　その後、R課長は、あいさつ回りや会議に追われ、方針案の作成についてはT係長に任せきりにしていた。

　5月中旬、R課長が新聞を読んでいると、P区の公会堂の建て替えをPFI方式により実施し、建設から管理運営までを一括して実績のある大手民間企業に委ねるとの記事があった。R課長は驚いて、S、T両係長を呼んで事情を問いただした。
T係長：「課長が先日出張していたとき、新聞記者が公会堂の建て替え計画について取材に来たので、PFI方式に関する私の考え方を話しただけです」
R課長：「まだ区の案も決まっていないうちに勝手な

話をしてもらっては困る」

　R課長が、憤然としていると、Q部長から電話があった。

Q部長:「今、地域の会合でX町会長に会ったが、X町会長は、新しい公会堂の管理運営を大手民間企業に委ねるという新聞記事を見て、レストランや売店を地元商店街に任せて欲しいという要望を無視するのなら、もう区の事業には協力しないと怒っていたぞ。あれほど、地元との関係に気をつけるように言っておいたのに、君は何をしていたんだ」

　R課長は返答に困ったが、X会長には自ら説明する旨を伝え、受話器を置いた。そこへ険しい表情でY区議が入って来た。

Y区議:「今度の公会堂の建て替えや運営を大手民間企業に委ねると聞いたが本当か。それでは区内業者が入る余地がないではないか。区内業者の育成についてはどう考えているんだ。この件は議会で問題にする」

　R課長は、思わぬ事態の展開に目の前が暗くなっていく感じがした。

　特別区における公共施設の整備・運営のあり方について、あなたの考えを述べたうえで、あなたがR課長であればこの事例の状況についてどのように対処し

ていくか、この事例に即して論じてください。

事例整理の観点

　Ⅱ類の事例式問題の類型は、次のようなものです。着任早々の課長が部長から指示を受けて方針を決めようとするが、係長たちの意見は対立しています。地域や議会の要望もあって、調整が必要となります。区の厳しい財政状況などの条件も考慮して方針をまとめなければなりません。課長の姿勢や係長たちの問題、組織運営のあり方などが横糸となって絡んできます。

　論文では、まず部長からの指示に関係する「特別区の課題」についての考え方を問われます。その上で、事例への対応について論ずることになります。

　事例式の論文では、部長から指示された課の方針そのものや、事態への細かな対応策の記述に終始しないよう気をつけてください。求められているのは、目標を予定通り遂行するためには、何が、なぜ問題で、課長としてどのように対応するべきかの考え方です。

事例の整理

　それでは事例の状況を確認してみましょう。

　P区では、老朽化が進んだ公会堂を区のシンボル的な文化交流施設に建て替えることが決まっています。

　R課長は、４月の着任早々Q部長から公会堂の建て替

えについて、①区長の指示は、民間企業の資金やノウハウを活かした方法で行うように②各種手法を検討し6月上旬までに方針案をまとめる③地元との関係に十分注意すること——という指示を受けます。

R課長は、両係長を呼んで、Q部長の指示を伝え意見を求めます。T係長は、経費を抑えるために民間の資本による「PFI方式」での施設建設・運営を提案します。S係長は、地域のX町会長から新施設の運営にかかわりたいという要望が出されており、地元の意向も聞くべきであると問題提起します。T係長は、地元町会の意向だけを受け入れることには問題があるとの意見です。

R課長は、S係長の意見が気になりましたが、T係長の意見を採用し、T係長に方針案の作成を指示します。その後は、T係長に任せきりにしています。

R課長は、5月中旬に新聞で、公会堂の建て替えをPFI方式で実施し、建て替えから管理運営までを一括して大手企業に委ねるという記事を読み、係長たちを呼んで事情をただします。するとR課長の不在時に、T係長が取材に応じ、自分の考えを述べていたことが分かります。R課長はT係長に新聞記者との対応について注意します。

そこにQ部長から電話があり、地域の会合で、新聞を読んだX町会長から地元の要望を無視するのなら、区の事業には協力しないと言われたことを聞かされます。また、地元との関係を悪化させたこと叱責されます。R課長

は、自らX会長に事情を説明する、旨をQ部長に話します。

Y区議からは、区内事業者育成の観点から議会で問題にすると言われてしまいます。

事例の分析

部長からの指示は「公会堂を区民のシンボル的な文化交流施設に建て替える方針を6月までにまとめる」というものです。条件としては、民間活力を導入すること、地元と調整することの2点です。

本事例のR課長の組織構成は、課の庶務と地域振興を担当するS係と公会堂の管理運営や建て替えを担当のT係です。登場人物は、この4月に着任したR課長、上司はQ部長です。部下はS係長とT係長で、係員は直接登場していません。住民はX町会長とY区議です。

事例を読みながら、登場人物やその人の問題点などを、簡単に相関図などを書いてみることも有効です。

本事例では、まず、「特別区における公共施設の整備・運営のあり方について」の記述が求められています。17年度の事例となった施設の建設や運営に関するテーマは繰り返し出題されています。

特別区は、人口の増加や区民ニーズの多様化に対応して、様々な施設を整備してきました。これらの施設の中には老朽化が進み、改築が必要になっているものも少なくあ

りません。人口構成や区民ニーズが変化し、施設の機能を見直し、統廃合することも検討しなければなりません。公共施設は建設や維持管理に多額の費用が必要であり、どのように進めるかは財政運営上大きな課題となります。区の財政には一部明るさも見えますが、景気の動向や、三位一体改革の影響、人口構成の変化に伴う行政需要の増大傾向など、決して楽観できるものではありません。

　施設は、地域住民との信頼関係なくしては円滑に建設し運営することが難しい状況です。公共施設は行政のものではなく、区民共有の財産です。整備計画や運営のあり方について、背景や課題、経緯などについて説明責任を果たし、区民の理解と協力を求め、ともに協働していくことが求められます。

　次に「区民サービスの向上」です。指定管理者制度などにより、施設の管理運営に関しては民間事業者に門戸を開き、事業者が競い合うことで、サービスの向上と経費の節減が求められています。

　どのような視点で論文を作成するか、さまざまな切り口があると思います。出だしの部分は、一番印象に残るところでもあり、論文の評価を左右する個所でもあります。

　本事例で、R課長が解決すべきは、2カ月程度で公会堂の建て替え方針案を作成するという大きな課題です。短期間で目標を達成するためには、部長の指示を踏まえて、R課長のリーダーシップのもと、課が一丸となって取り組む

必要があります。しかし、R課長や係長たちの姿勢や行動には問題があり、目標の達成が危ぶまれる事態です。

　R課長の行動の点から本事例を考えて見ましょう。

　Q部長からの指示を受けた後、自らの方針もなく係長たちを集めて意見を聞いています。このため係長間の意見の相違を調整できず、放置しています。

　また、Q部長の指示やS係長の問題提起を軽視し、判断を誤って、安易にT係長の意見を採り入れています。T係長に方針案づくりを指示した後も、T係長に任せきりにし、適切な進行管理を怠っています。

　T係長は、区の方針になっていないPFI事業の情報を新聞記者に話し、課長への報告も怠っています。意思形成過程の情報管理の重要性を認識していません。課長の職員の指導にも問題がありそうです。その結果、X町会長やY区議から批判を受け、Q部長や区政への信頼を損なう事態を招いています。

論文例

1 区民と協働する管理職

　分権改革が理論から実践に移行し、区民が主体的に魅力ある地域社会を築いていく時代となった。特別区は区民の視点に立ち、区民とともに地域の特性を活かした施策を創造していくことが求められている。区民やNPO、事業者等と区はそれぞれの役割を明確にして協働でまちづくりを進めることが不可欠である。公共施設は区民共有の財産であり、魅力と価値を高めることが求められている。施設整備や運営にあたっては、区民の多様なニーズに柔軟、的確に対応するとともに、人的・物的に限られた行政資源を最大限活用し、区民満足度の向上を目指していくことが必要である。

　管理職は、職員一人ひとりの意識改革と能力開発に取り組み、リーダーシップを発揮して組織を活性化し、目標を達成していくことが求められる。また、区民の多様な価値観と意見を調整するコーディネーターとしての役割を担い、区民との協働により地域を経営していくことが強く求められている。

2 マネジメントの欠如した管理職

　以上の視点から本事例をみると、次のような問題がある。

第一に、R課長は、自らの方針もなく係長会を開き、T係長だけに任せて施設の整備方針案を決定しようとしている。区民とともにあるべき基礎自治体の管理職として、住民の意向や地域情報の重要性を認識していない。進行管理も怠っており、仕事に取り組む姿勢に問題がある。

　第二に、係長たちの問題である。T係長は、PFIの導入を進めるなど積極性と意欲は見られるが、区民全体の利益や、地元との関係への配慮が欠けている。政策形成過程の情報を安易に報道機関に流し、情報管理に問題がある。S係長は、地元との調整の必要性を課長に進言するなど、責任感を持ちながらも、その後は課長を補佐し、課内を調整する庶務係長の役割を十分に果たしていない。

　第三に組織の体制である。

　区のシンボル的な文化施設建設という大きな課題にもかかわらず、課として組織目標を共通認識していない。係長はもとより、係同士の連携、協力が不十分であり組織力が生かされていない。

　これらの問題は、R課長が適切なリーダーシップを発揮せず、基本的な組織運営のマネジメントを怠ったためであり、その結果、区民の信頼を損ねている。

3 魅力ある区民共有の財産を目指して

　区民の信頼を回復し、区のシンボル的な文化施設を整備するために、私がR課長であれば次のように対応する。

　第一に、前任者などから情報を収集し、自らの方針を持って係長会を開催する。明確な方針を示していなかったことや進行管理不足などのこれまでの不手際を詫びる。そのうえで、区のシンボルである文化施設の整備方針案は、説明会の開催など、区民が参画する手法で検討するよう指示する。運営に関しては、指定管理者などの検討も行う。S係長には地元意向を把握する方策を検討し、T係長と協力して方針案をまとめるよう指示する。

　第二に、X町会長を訪ねPFI方式による公会堂の整備方針は区の決定事項ではなく、今後、地元の意向も踏まえて施設の整備や運営を検討することを誠意をもって説明し、理解と協力を求める。Y区議には、誤った情報が新聞報道されたことについて誤り、今後このようなことのないよう、情報管理を徹底する旨話す。地域の資源を活かした文化施設の整備・運営を検討することを説明し、理解を得る。

　第三に、職場の目標を明確にして課の協働体制を構築する。係長会を定期的に開催し、情報を共有する。また、職員一人ひとりの育成目標を立て、区民の目線

で仕事に取り組む意識と課題遂行能力を高め、活力ある職場づくりに取り組む。両係長から方針案作成の進捗状況については適切に報告を求め、必要な助言や指示を行う。部長には適宜報告し、指示を仰ぐ。

4　地域への貢献を使命に

魅力ある地域社会は、この街に暮らして良かったと実感できるまちである。区民満足度の高いまちづくりを行うためには、区政は、区民に開かれ、区民と職員が本音で議論できる信頼関係を築くことが欠かせない。真に区民に必要な施策を創造するために、区民とともに汗をかくことが必要である。

管理職には、職員の潜在能力を開発し、やる気を伸ばして地域社会に貢献する使命感を持つ職員を育成する責務がある。私は、地方自治を担う自覚と責任を持ち、職員の先頭に立って地域への貢献に力を尽くしていく。

解　説

論文作成のポイントを解説します。本事例の問題点等については「事例の分析」で分析したとおりです。

構成は、起承転結の四段構成としました。各段落の字数などは、これまでの「論文の組み立て」（9頁）などを参考にしてください。

(1)見出しを大切に

　見出しはあらかじめいくつか想定しておくと良いでしょう。見出しだけで論点が推測されるように、いわば、読み手をひきつけるキャッチコピーです。採点者は、現役の部長と聞いています。

　仕事のプレゼンテーションをするつもりで、センスのよい見出しを考えてみてください。実際は、書いた後に見出しを考えることもありますが、当日は、書き忘れないよう注意してください。

(2)大切な導入部分―論点の視点を明確に―

　「起」の部分ですが、導入部分に引き続き、「公共施設の整備運営のあり方について」考えを記述することが求められています。切り口は人によって様々ですが、論文全体を貫く背骨となります。

　自分はどのような視点で論ずるかを明確にすることで、論文のその後の流れが決まってきます。よく、「書き出し3行」といわれますが、ここが、受験者の問題意識が端的に表れる個所だからです。論点を絞り込まないと散漫になってしまう危険性があります。

　ここでは、次の視点でこの論文を書いています。これからは、公共＝官ではなく、様々な主体が公共を担っていく時代です。住民はサービスの受け手というだけではなく、

地域経営の主体でもあります。NPOや事業者などの多様な主体との協働によって地域を経営していかなければ、人口減少や少子高齢社会に対応し、区民の暮らしを支えていくことは困難です。参加と協働がこれからの特別区のキーワードになっていくが、これらを根付かせ実効あるものとするためには、区民との情報の共有化を図り、説明責任を果たしていかなければなりません。

　また、対等なパートナーとして地域の課題を解決していくには、区民も職員も双方の意識改革が必要です。基礎自治体の管理職は、この認識のもと、職員の先頭に立って区民とともに歩む覚悟が必要です。

(3)問題点は課長の視点で

　「承」の部分は、どのようなことが原因で問題が起きているかの分析です。第一段落で論じた視点、管理職のあるべき姿から見て問題点を分析します。事例の現象面だけでなく、その原因を探ることが必要です。

　事例によって異なりますが、課長の考え、行動にはどのような点が欠けたいたのかを中心に、職員、組織の問題点などを指摘します。係長が問題を起こした場合でも、職員を指導・育成しなければならない課長としてどのような問題があったかを考えることが基本です。この部分は、過去問から、ある程度予測がつきますので、前もって準備しておくことができます。

(4)危機管理と打開策

「転」の部分です。「承」の問題を踏まえて、事態の打開策について論ずるところで重要な部分です。

管理職として現実にこのような場面に向き合った時の対応が、問われています。

なぜその手を打つのか、あなたが「起」で述べた公共施設整備のあり方に即して、有効で具体的な解決策を述べてください。区民本位の視点と現場の感覚も大切です。

緊急対応、中長期的な対応などいくつかある中で、緊急度、重要度を考えて打つ手の優先順位を考えます。細かな行動プランの記述に終始しないよう気をつけてください。第一段落で述べた公共施設の整備と運営のあり方に照らして、今後、とるべき策を考え、強い決意で臨むことが求められます。

(5)終段落は結論と決意

最後に「結」の部分です。ここも「起」で提起した論点とつながっていることが大切です。「区民との協働で区民共有の財産の魅力を高める」という考え方と、「区民とともに汗を流す」管理職のあるべき姿から導いた結論としました。締めくくりに管理職としての決意を簡潔に述べます。

以上論文例について解説しました。

(6)ストーリーのある論文

　繰り返しになりますが、事例式論文とはいえ、答えは一つではありません。最初に述べた自分の考えに沿って論旨が一貫していること、流れがあって読みやすいことが大切です。

(7)旬の情報を活かして

　論文には旬の情報が必要です。総括係長として、区政の最前線で得た旬な情報や、仕事を通して考えたことを是非論文に活かしてください。

課題5 特別区における住民参加のまちづくり
（平成18年度出題）

問題

　P区Q部R課は、公園整備を主な業務とし、公園計画と調整業務を担当するS係と設計及び工事を担当するT係とで構成されている。R課長は、この4月に着任した。

　ようやく引き継ぎも終わった4月中旬、R課長はQ部長に呼ばれた。

Q部長：「A中央公園の新規整備事業は、区の重点事業だ。今年度は早急に設計を仕上げて工事に着手してくれ。この計画については地元A町会長が何年もかけて、隣接するB町会も含めて地元を取りまとめてきた。それから、X区議もこの事業の推進に力を注いでいることを忘れないように」

　R課長は早速、S係長とT係長を呼んで部長の指示を伝え、進ちょく状況を確認した。

T係長：「設計は順調ですが、地元NPOが一部住民の意向を受けて計画修正の要望を出してきています。区の計画と違う部分もあるのですが、意外にいいプランかもしれません。意見を採り入れたらどうかと考えています」

S係長：「それはやめたほうがいいよ。もう何年もか

けて町会と話し合い、回覧板で周知したりして、ようやく固まった計画なんだから」
T係長：「確かに今の計画でも、地元の声を十分反映していると思いますが、住民ニーズは刻一刻と変化するものです。柔軟な対応が必要だと思います」
S係長：「どこかで区切りをつけないといけないから、見直しは必要ないんじゃないですか。T係は設計に専念していればいいんだよ」

　気まずい雰囲気を感じたR課長は、S係長の意見も気になったが、T係長のやる気を頼もしく思い、見直し作業を進めながら設計を急ぐことを指示して話を打ち切った。

　4月下旬のある日、R課長が会議から戻ってきたところに、T係長がやってきた。

　T係長：「先ほど例のNPOのY代表が来て、先日の要望の件はどうなったかと聞いてきたので、見直しを進めていますと答えておきました」

　R課長は、見直しの内容が気になったが、次の会議の時間が迫っていたので、S係長へも情報として伝えておくように指示し、出かけていった。

　5月中旬、A町会長から電話がかかってきた。
A町会長：「A中央公園の計画見直しが決まったと聞いたぞ。これは本当か。何年も話し合ってようやく決めた計画をそんなに簡単に変えていいのか。かつてB

町会に要望をあきらめてもらうなどしてきた手前もある。今さらどういうつもりだ。

　R課長は、A町会長の剣幕に驚き、詳細を確認して連絡すると伝えて電話を切り、早速、S係長とT係長を呼んで説明を求めた。

S係長：「別件でA町会長に会ったのですが、A中央公園はどうなったのかと聞かれまして、NPOの申し入れがあったので見直しているようです、と答えました」

T係長：「ええ、課長の指示のとおり進めました。だいぶ大きく変わりましたが、係員に頑張ってもらって、間もなく工事を発注できるところまで仕上がっています」

S係長：「そういえば課長、例のNPOのホームページにも『A中央公園の整備計画：区が見直し決定』という記事がありました。NPOの案も載っていますよ」

　R課長がいつの間にそこまで話が進んだのかと驚いていると、Q部長から呼び出しの電話がかかってきた。慌てて部長室に行くと、Q部長の横にはX区議が座っていた。

X区議：「区が地元の了解なしに計画を見直していると、A町会長が激怒している。どうやらB町会はNPOの案に乗り気で、計画見直しに大賛成といい出しているらしい。ここで地元が分裂したら、とても計画は進

課題5 特別区における住民参加のまちづくり

> められない。この計画の推進は区議会で報告もされているし、多くの住民の悲願だ。私にとっても寝耳に水だ」
> Q部長：「マスコミからも広報課に取材の申し込みがあったそうだ。計画の見直しなど何も聞いていないぞ。いったいどうなっているのか、きちんと説明したまえ」
> 　R課長は、思わぬ事態の展開に、ぼう然と宙を見つめるだけであった。
>
>
> 　特別区における住民参加のまちづくりについて、あなたの考えを述べたうえで、あなたがR課長であれば、この事例の状況において、どのように対処していくか、この事例に即して論じてください。

論文の作成にあたって

　本事例では、まず、「特別区における住民参加のまちづくりについて」の記述が求められています。記述にあたっての注意点を整理してみましょう。

　国から地方への税源移譲が実施され、特別区においても税収の確保から施策の実現まで、自治体経営者としての責任と権限が強化されましたが、財政状況は厳しさを増しています。

地方分権は個性ある地域と豊かな暮らしを目指し、画一から多様化への流れは自治意識を高め、地域を反映した区民主体のまちづくりの必要性を強めています。

　まちづくりとは地域住民との協働、地方自治体との協力によって、自らが住み、生活している場を、地域にあった住み良い魅力あるものにしていくことです。

　また、自治体の自己決定権の拡大によって、自治体の自治（まちづくり）の方針と基本的なルールを定める「自治基本条例」を制定する自治体が増えています。これによって住民との情報共有や住民参加・住民協働の原則を規定しています。

　特別区における地域活動は自発的参加型のNPO活動と地縁型の自治会・町会活動に大きく分けられます。近年活発化するのはボランティア的な機能的集団であるNPO活動ですが、特に自治会・町会はコミュニティーを維持する貴重な社会的資源です。

　区民の力を活かすためには、区と自治会・町会やNPOが相互に自立した関係の主体として対等・平等の相手と認めることです。

事例の整理

　ここで設定された組織は、P区Q部R課で、主たる業務の公園整備、公園計画と調整業務を担当するS係と設計及び工事を担当するT係とで構成されています。登場

人物は、4月に着任したR課長、Q部長、S係長、T係長、A町会長、X区議、そしてNPOのY代表です。

次に事例の概要です。4月中旬、R課長はQ部長に呼ばれ、A中央公園の新規整備事業は、P区の重点事業であり、整備計画についてはA町会長が何年もかけて、地元を取りまとめてきたこと、X区議もこの事業の推進に力を注いでいることを忘れずに今年度中に設計を仕上げて工事に着手するように指示を受けました。

R課長は早速係長会を開き、部長の指示を伝え、進ちょく状況を確認しました。ここで地元NPOから計画修正の要望が出ていること、その意見を採り入れたらどうかと考えているとの報告をT係長から受けます。しかし、S係長は町会と何年もかけて話し合い固まった計画なので、修正することに反対します。また、住民ニーズは変化するので、柔軟な対応が必要だとT係長は考え、どこかで区切りをつけるべきなので見直しは必要ないとS係長は考えています。R課長はS係長の意見も気になりましたが、T係長のやる気を頼もしく思い、見直し作業を進めながら設計を急ぐことを指示しました。

4月下旬に、R課長はT係長からNPOのY代表が来て、要望の件を聞かれたので見直しを進めていると回答したとの報告を受けます。R課長は見直しの内容が気になりましたが、会議で時間がなかったため内容の確認を行いませんでした。

5月中旬にA町会長から電話があり、A中央公園の計画が見直されたことの苦情を受けます。R課長は詳細を確認して連絡することにして、直ちに両係長から説明を受けます。S係長からは別件でA町会長に会った際、NPOの申し入れがあったので見直しているようですと答えたこと、NPOのホームページに「整備計画の見直しが決定」と載っていることを、T係長からは計画が大きく変わったことの報告を受けます。その時にQ部長から呼ばれます。
　部長室にはX区議が同席していて区の計画の見直しにA町会長が激怒しているが、B町会長は計画の見直しに大賛成のようで、ここで地元が分裂したら計画は進められないと言われます。Q部長からは計画の見直しは聞いていないので、どうなっているのかと説明を求められます。

事例の分析

　この事例の問題点は以下のとおりです。まず、R課長が管理職としての役割を果たしていない点です。係長会で、両係長の異なる意見の調整を行っていません。公園計画及び調整業務はS係の業務であるにもかかわらず、T係長に見直し作業を進めながら設計を急ぐことを指示します。また、その後の進捗状況を確認していません。見直し内容が気になった時も会議を理由に確認していません。
　次に、両係長の問題点ですが、T係長はこれまでの地元町会との積み上げを軽視して、町会等との調整を行わず

に、NPOの意見を採り入れた計画の見直しを進めています。さらに、NPOのY代表に区で決定されていない情報を提供しています。S係長は、係長間での意見相違を調整して課内を取りまとめようともせず、着任して間もないR課長の補佐役としての自覚がありません。

最後に、R課が組織としての一体感に欠けている点です。A中央公園の新規整備事業の重要性の認識が低く、住民参加によるまちづくりに対する意思統一ができていません。

この背景には、着任早々とはいえR課長が適切なリーダーシップを発揮していないことが挙げられます。

これらの結果、A町会長やX区議から批判を受け、区政への信頼を損なう事態を招いてしまいました。

― 論文例 ─────

1 区民参加によるまちづくり

　三位一体改革で国から地方への税源移譲が実施され、特別区においても税収の確保から施策の実現まで、責任と権限を持った自治体経営が求められるようになった。

　このような状況下で区民の信頼を得た区政改革を進めて、住民満足度の高い区政運営に取り組んでいる。

　まず、特別区の街づくりは地域住民の参加、協力によって、区民が日々生活する地域を魅力あるものにしていくことを支援することにある。従前の行政による画一的なものから区民による多様化への流れは、自治意識を高めさせるとともに、地域の要望に基づく区民主体のまちづくりの実現が図られる。

　区民満足度が高いまちづくりを行うためには区民に積極的に情報を提供し、計画段階から区民の参加を求め、さらに、実施・運営に至るまで対等なパートナーとして共に取り組むことが肝要である。

　そのために、管理職は時代の要請に応えた区政実現に向けて一丸となって取り組む組織を構築しなければならない。

2 目標達成をはばむ職場

　このような観点から、本事例を見ると次のような問

題点が指摘できる。

第一に、公園整備に対するR課長の認識不足である。

この事業は区の重点事業に位置づけられ地元及び隣接町会、さらにはX区議が長年にわたって調整をしてきたものであることの認識がR課長には全く欠如している。そのため、係長会を開催しても課の方針を明確に示していない。

第二に、R課長の管理職としてのリーダーシップの欠如である。

開催した係長会では、十分な議論もせず、意見が異なるS・T係長間の調整も行っていない。また、明確な指示を出さずに公園計画の見直しを業務担当外のT係長に命じている。その後、見直し内容の確認もせずにT係長に任せきりで、進行管理を怠っている。

第三に、R課長が組織として機能しておらず、区民参加型事業の重要性の認識や組織目標が共有化されていないことである。そのため、両係長が協力して計画の見直し作業に取り組む職場の協働体制が構築されていない。

T係長は、公園計画の見直しを進める上で、町会との連携の重要性を軽視している。また、見直し内容を課長に報告していない。S係長も、仕事への取り組みが消極的であり、庶務担当係長として、係長会での議

論を深めようとせず、課長の補佐役という役割を果たしていない。

さらに、両係長は、組織決定前の情報を地域団体に提供してしまい、情報管理の重要性を理解していない。

3　課題解決型の職場づくり

このような問題点を踏まえ私がR課長ならば、この状況に次のように対応する。

第一に、Q部長及びX区議に、A中央公園の設計は見直しも含めて未決定であり、今後、地元町会とも十分協議を行いながら進めることを説明し、理解を得る。次に、係長会を開催し、課の方針を明確に示して、区民参加型事業の重要性を認識させる。さらに、A・B町会やNPO法人との意見調整を図りながら、両係長が連携して最善策を出すように期限を付して命じる。

これらを指示した後、Q部長にこれまでの経過報告と、今後の進め方を説明し、必要な指示を受ける。その後、S係長を同行してA町会長宅を訪れ、計画の見直しは未決定であることを説明し、作業の進め方の不手際を詫びる。今後早急に各地域団体との意見調整を行ってから事業を進めることを約束して理解と今後の協力を得る。

第二に、T係長には、区政への区民参加は、区民との協働の第一歩であることを納得させる。また、適時適切な報告は、課長を補佐する係長の重要な役割であることを説明し、理解させる。S係長には、区民ニーズに応え、区民の視点に立つことで区民との信頼関係を築けることを認識させる。また、係長会の運営を任せる中で庶務担当係長として役割と責任を身につけさせていく。

　さらに、係長会を通して、両係長に組織決定前の情報管理の重要性を認識させて徹底させる。

　第三に、今回の事態を契機に、定期的な係長会を開き、課の組織目標の確認や情報の共有化を図り、区民ニーズに適切に対応できる態勢を築く。さらに職員の意識改革と組織の変革を行うため、職場での課題を明らかにしながら、解決策について係長同士が議論しやすい職場土壌を築き、組織力の向上に努める。

4　区民とともに築く住みよいまちづくり

　区民の区政への参加意欲が高まる中、事業の運営・管理を区民との協働で実施する態勢が構築されてきている。

　区民の区政参加においては、区と区民との信頼関係が不可欠である。

　私は管理職として、社会情勢や区民のニーズを的確

> に捉え、地域の様々な課題の解決に向け、意見の相違や対立を調整し、区民との協働に率先して取り組んでいく覚悟である。このため、職員が持てる能力を十分に発揮できるよう、情報の共有化を進めるとともに、活発に議論ができ、一体感のある職場づくりを進めていく決意である。

解　説

　まず、問題文の最後部に書かれている「特別区における区民参加のまちづくりについて」という部分を確認し、これを踏まえて問題文を読みます。読みながら、登場人物や組織の問題点について、しるしをつけておくと分かりやすくなります。

　なお、平成15年度には「特別区における区民との協働のあり方について」の問題が出ています。今や区政のあらゆる場面で協働が求められています。協働についての考えを整理しておくと良いでしょう。

　この論文の構成ですが、起承転結の4章でまとめられています。

　各章の論述のポイントは次のようになります。

　第1章（起）では、まず論文全体の出だしとして特別区の全般的な課題をいくつか述べます。これに対して区としての対応、目指すものを述べます。試験の直前まで国や東京都、特別区長会などの動きをとらえ、事前に準備してお

課題5 特別区における住民参加のまちづくり 89

くと良いでしょう。

　次に課題として与えられている「特別区における住民参加のまちづくり」についてあなたの考えを述べます。課題についての自分の考えや主張を自分の言葉で論じることが重要です。

　ここの部分については、過去の事例を参考にしながら数本準備しておきます。予想していなかった内容の場合は、落ち着いて課題から関連する事業や対策・用語などを思い浮かべ、それを文章にして並べていきます。

　最後にここまで述べてきたことに対応するための管理者としての責務やリーダーシップについて記述すると、次の章につなげ易くなります。この章は400字程度でまとめます。

　第2章（承）では、第1章の視点を踏まえ、事例における課題を挙げていきます。

　まず、何が原因であり、問題であったのかを、分析して述べます。管理職の問題点や、係長たちの問題点、組織全体の問題点に分けて指摘するとまとめ易くなります。

　まず第一に、課長にどのような点に問題があったのか、何が不足していたのかということを記述します。事例をいくつか挙げ、その背景にふれることが必要です。

　ここでは、第二に課長としてのリーダーシップの欠如を指摘しました。課長は管理職として係長に明確な指示を出し、事業の進ちょく状況について常に報告、連絡、相談

受ける態勢を築かなければなりません。その責務の欠如は大きな問題となります。

　最後に組織としての問題やその背景などを記述します。T係長の取り組みに対する考え方の問題点や、S係長の庶務担当係長としての取り組みの不足などを列挙し、評価を加えていきます。

　この章の問題点の指摘も、ある程度パターン化しておくと、論文を書くのが楽になります。字数の目安は600字です。

　第3章（転）では、第2章で指摘した問題点に対する解決策を述べます。

　第一に、R課長として自らがどのように対処していくか、緊急なものから時系列に解決策を具体的に述べていきます。自分自身が管理者になりきり、強力なリーダーシップを発揮して解決策を展開することが大切です。

　本事例では、部長に呼ばれたところで終わっていますので、その場でQ部長やX区議にどう答えるかから書き始めます。次に当面の課題について係長会を開催し、両係長に方針や具体的な指示を示し、期限を定めて検討を命じます。課としての対応策や今後の方針を決めた後、部長に報告を行い、必要があれば指導を受けます。その後、A町会長宅への訪問・説明と続きます。

　次に、各係長に対する指導について記述します。

　最後に組織の課題についての対応策を記述します。この

項目では中長期的な組織としての取り組みについて記述します。この項目も事前にある程度用意しておくことが有効です。字数の目安は700字です。

　第4章（結）では、第1章で述べた組織の使命を実現できるような組織のあり方、管理者として積極的に取り組む姿勢や心構えを格調高く、情熱が感じられるように表現していきます。この章も事前に準備が可能です。あらかじめ準備したものを課題の事例に合わせ、書き換えていきます。字数の目安は300字です。

　限られた時間で、決められた字数にまとめるためには、ある程度の練習が必要です。まずは完成論文を一つ作りましょう。

課題6	特別区における公共施設の民営化の進め方 （平成19年度出題）

問題

　P区Q部R課は、児童福祉を主な業務とし、保育園の人事を担当するS係、保育園の管理運営を担当するT係及び保育園の民間委託化を担当するU係とで構成されている。R課長は、この4月に着任した。

　R課では、昨年度から保育園の民間委託化に向け、担当係を設置し、準備を進めてきた。今年度は委託化する保育園を選定し、来年度からの実施に向けた作業を行うことになっている。R課長は、進捗状況を把握するために各係長を集め、説明を求めた。

U係長：「来年度から民間委託を実施するためには、候補である3園の中から早急に委託化する保育園を選定する必要があります。本来なら昨年度のうちに選定を済ませて、年度当初から委託契約に関する作業に着手する予定でしたが、保護者への説明や組合対応などについて、他の係の協力が得られずに延び延びになっています」

S係長：「気に触る言い方だな、年度末に人事の仕事が忙しいのは見ていてわかっただろ。U係長は民間委託化のために新設された組織だ。そっちで全部やるのが当然だよ」

T係長：「私の係も新年度からの入園に関する手続きなどの仕事が山ほどあり、こっちが手伝ってもらいたいくらいだったんですよ」

　険悪な雰囲気になってしまったため、R課長はS係長とT係長にはできるだけU係長に協力するよう伝え、U係長には選定作業を急ぐように言ってその場を収めた。

　その後、R課長は新しい人事考課制度の導入に伴う職員との面談などに忙殺されていたため、民間委託化の件についてはU係長に任せきりにしていた。

　R課長は、面談も一段落したので、U係長を呼んで進捗状況を聞くことにした。

U係長：「X保育園に決定したいと思います。協力的な保護者が多い保育園ですから、大丈夫ですよ。X保育園長とも既に調整済みです」

　R課長は、他の係の協力も得られてスムーズに作業が進んでいるものと思い、引き続き作業を進めるよう指示をした。

　ある日、S係長とT係長がU係長をともなって、課長席にやってきた。

T係長：「課長大変です。私の係にX保育園の保護者から抗議が殺到しています。X保育園長に聞いたところ、U係長から民間委託化はX保育園で決まりとの話を聞いたので園の職員に説明したとのことでした。

保育士から情報が漏れたのでしょう」

S係長：「実は、職員団体が、民間委託化の件で団体交渉を申し入れてきました。書記長は、X保育園の保育士から相談があったようで、職員団体に何の情報提供もせずに委託園を決定するのは何事かとカンカンになっていました。交渉はかなり荒れますから、覚悟してください」

U係長：「保護者も職員団体も事前に説明すれば理解を得られたはずなのに。この状況ではX保育園の委託化は断念せざるを得ません。もう来年度からの実施は無理です」

　このようなやり取りをしている最中に課長席の電話が鳴り、部長室に呼び出された。部長室に行くと、Q部長とY区議が怒りの表情で待ち構えていた。

Y区議：「X保育園の委託化の件で、私の支持者から猛烈な抗議を受けている。きちんと段階を踏めば、私は委託化を支援するつもりでいたが、私の知らない間に保護者に話すとは何事だ。このままではこの件に関する議案は通せないぞ」

Q部長：「君には失望したよ。来年度からの保育園の民間委託化は区長からの至上命令だ。遅れることは許されんぞ。どうするんだ」

　R課長は、Y区議とQ部長の剣幕に気が遠くなる思いであった。

> 特別区における公共施設の民営化の進め方について、あなたの考えを述べたうえで、あなたがR課長であれば、この事例の状況について、どのように対処していくか、この事例に即して論じてください。

論文の作成にあたって

　言うまでもありませんが、Ⅱ類試験を受験される方は、総括係長の職に就かれ、他の係長より一段高い視点に立ち、名実ともに課長を補佐し、日々多忙に業務を遂行していることと思います。

　そうした方々が受験対象者ですから、これまでの職務経験を基に、第一線の管理職として直ちに活躍できる人材であるか否かが問われます。

　ですから、机上の空論とならないよう、実践に即した記述が必要となります。

事例の背景

　本事例では、「保育園の民間委託化」に向けた記述が求められています。

　どのような視点で書くのかは個人個人の考え方によりますが、まずは社会状況などを念頭において、記述にあたってのポイントを整理してみます。

地方分権一括法が施行されて、その地域の自治は住民自らが決定し、その責任も負うという「自己決定・自己責任」の行政システムが構築されてきています。

北海道夕張市の財政破綻においては、行政サービスが著しく低下し、第一番に住民がその痛手を負う結果となりました。

そうしたことからも地方自治体では、真に必要な住民サービスを提供ししつつ、効率的で効果的な行政運営に努めていく使命があります。

また、規制緩和による民間活力の積極的な導入を図るなど、区民サービスをさらに向上させるとともに、人件費など義務的な経費の削減に努めていくことも求められています。

事例の整理

まず、組織の構成ですが、この課は児童福祉を主業務としており、「保育園人事を担当するS係」「保育園の管理・運営を担当するT係」、そして本事例のメーンとなる「保育園の民間委託化を担当するU係」の三つの係です。登場人物は、R課長、S係長、T係長、U係長、X保育園長、X保育園保護者、職員団体書記長、Q部長、Y区議です。

次に、本事例の概要です。R課長は4月の着任早々、課の組織課題である保育園の民間委託化に向けた進捗状況に

ついて、係長会を開催しその把握に努めました。

　係長会では、U係長から他の係の協力が得られず、保護者への説明や組合対応が延び延びになっている状況を聞きました。

　そして、そのことについてS及びT係長は、担当する係の仕事が手一杯で協力するどころではないと一蹴し、険悪な雰囲気となったため、R課長は両係長に対してU係への協力を要請するとともに、U係長には民間委託園の選定作業を急ぐよう伝え、その場を収めました。

　その後、民間委託化の件については、U係長に任せきりになっていたので、その進捗状況について確認しました。

　すると、X保育園は協力的な保護者が多く、同園の園長とも調整済みであるとの報告を受け、他の係との連携も得られ委託化に向け順調に推移しているものと勝手な思い込みをし、そのまま進めるよう指示しました。

　ある日、X保育園の保護者から同園の民間委託化について抗議が殺到しました。その原因は、U係長がX保育園の民間委託化が区の決定であるかのようにX保育園長に伝えたことに端を発し、同園長が職員に対してそのことを説明したため、その話が保護者に漏れたのではと推測されました。

　さらに、職員団体の書記長から抗議があり、そうしたやり取りをしている最中にQ部長から呼び出されました。

　そして、部長室に居たY区議から、支持者からの猛烈

な抗議があったこと、また、事前に話がなかったことに憤慨されており、このままでは議案は通せない旨告げられ、R課長は窮地に立たされてしまいます。

事例の分析

　本事例の問題点は以下の通りです。
　第一に、R課長は係長会を開催しつつも課の重要課題である保育園の民間委託化について、課全体の協力体制を確保していません。また、人事考課制度導入等を理由にこの民間委託化をU係長一人に任せきりにしています。
　こうした課長の態度は、管理職として職務放棄をしているとしか言えません。
　第二に、U係長は課長へ相談もせず、勝手にX保育園を委託園と決定し園長に話をするなど、区政情報の重要性を認識していません。また、T係長は民間委託化を他人事のように捉え、組織の中のリーダーであるのに、その役割を果たしていません。そして、S係長も全体調整を怠るなど、課長を補佐するという自覚に欠けています。
　第三に、組織が課題を解決するための体制づくりが構築されておらず、組織目標の明確化がなされていません。
　こうした背景には、R課長自身が、民間委託化が区政運営上の重要課題であるという認識がなく、組織をまとめ上げ、課題解決を図っていくというリーダーシップが発揮されていないためです。

◇

　論文作成は、最初は見よう見まねで結構ですから、自分が使い慣れている言葉に置き換えるなど、オリジナルなものにしてください。

　何本か書いて、先輩や上司に見てもらっていくうちに全体の流れが不自然、またはこのことは唐突でつながりがないなどが自然と見えるようになると思います。

論文例

1 民間活力の導入と行政

　地方分権一括法が施行され、地域の自治は区民自らが決定し、自らがその責任も負う、自己決定、自己責任の行政システムが構築されてきている。区民と行政の強力なパートナーシップのもと、画一的ではなく、その地域にふさわしい地域自治を作り上げていくことは特別区にとって重要な課題の一つである。

　また、区民に一番身近な政府である地方自治体には、簡素でスリムな行政運営が求められており、規制緩和による民間活力の導入など、官ができることは官が、民ができることは民が行うという事務事業のすみ分けを行っていくことが必要である。

　こうした社会ニーズに的確に応えていくためには、不断の事務事業の見直しはもとより、職員一人ひとりが知恵を絞り、創意工夫のもとに限りある財源を効率的かつ効果的に執行していかなければならない。

　そのため管理職は、組織目標の明確化と共有化を徹底し、部下を指導育成しつつ、その先導役として強いリーダーシップを発揮していかなければならない。

2 区民不在の組織運営

　以上のような観点から、本事例をみると次のような問題点がある。

第一に、R課長自身が、保育園の運営を直営から民間委託に変えるという区政にとって重要な課題であることを認識していない。また、係長会を開きながら、その中で組織としての協力体制が整っていないにもかかわらず、U係長一人にこのことを任せ、その後も進行管理を怠るなど、管理職としての職務を放棄している。

　第二に、各係長にもそれぞれ問題がある。まず、U係長は、勝手にX保育園を民間委託化すると決めて、園長と調整を図るなど、物事を決めるプロセスを全く踏んでおらず、独善的であり、課長に報告することもなく、区政運営情報を外部に流すなど、情報管理の重要性を全く認識していない。次に、T係長は、担当事務だけで手が一杯という理由だけで、組織の重要課題である保育園の民間委託化を他人事のように捉えており、組織の中軸である係長本来の役割を果たしていない。最後にS係長は、課の筆頭係の長であり、課全体にかかる課題に対して、他の係長よりも一段高い視点で他の係を調整すべき立場にありながら、その職務を怠っており、新任課長を強力に補佐していこうという意欲が全くみられない。

　第三に、課の組織全体が一体となって、区民のために行政課題を解決する体制が構築されていない。また、組織目標の明確化がなされていないため、各係が

単体で機能しているだけで、組織といえる状況になっていない。このため、各係間の共通認識も乏しく、組織目標達成の道標を失っている。

3　区民に信頼される区政運営

　私がR課長であれば、こうした事態を招いたことを深く反省し、次のように事態の収拾を図る。

　第一に、民間委託化へのこれまでの経過と問題点等について、前任課長等から庁内合意などを含めた情報収集を幅広く行い、民間委託化の必要性を十分認識し、事業完遂までの道筋を立てる。そして、ここに至ってしまった原因分析等を行うとともに、組合への対策を職員課と協議して、部長に報告し了承を得る。

　第二に、Y区議のもとに向かい、これまでの経過について説明し、多くの区民に迷惑をかけてしまったことを詫び、すぐに民間委託化へのやり方等について再検討し、ご報告する旨を告げ、今後とも、区政にご協力をいただくよう要請する。

　第三に、緊急の係長会を開き、民間委託化が区政運営上いかに重要事項であるかを納得させ、方向性をきっちりと示し、U係長には期限を区切って委託化のプロセスをまとめさせ、S係長とT係長には、全面的にバックアップをするよう指示し、場合によっては保護者説明会の段取りなど、U係長の手の回らない所を

その都度指示する旨を申し渡す。そして今回のことを契機に、係長会を定期的に開き、組織目標の共有化を図るとともに全課が一枚岩となるよう組織作りをしていく。

4 選ばれる自治体目指して

　特別区を取り巻く環境は刻々と変化している。旧態依然とした区政運営を行っている暇はない。少子高齢化対策、環境対策、防災対策等、優先度の高い課題が山積している。

　こうした課題を解決していくためには、全職員が区民の目線で物事を考え、区民満足度の高い行政運営を常に意識して、区民の信頼を積み重ねていく必要がある。

　そして、管理職は、組織目標の明確化を図り、事業の計画段階から職員を参画させ、やる気を引き出すとともに、OJTにより職員の資質向上を図りつつ、目標を見失わないよう進行管理を行い、どんな社会状況の変化にも柔軟に対応できる組織を作り上げていく必要がある。

　私は管理職として、区政を担うリーダーとしての責任を自覚し、部下の指導育成に努め、地元区民はもとより、他自治体の区民からも「あの街で暮らしてみたい」といわれるような、選ばれる自治体を目指して全

力を傾注する所存である。

解　説

　Ⅱ類試験は、本書の各年度問題・論文の分析・解説を読んでいただければお分かりのように、パターン化がされています。

　端的に言えば、新任課長が着任し大きな組織課題がありながら、課のまとまりがなく係長も課長の補佐役という任務を果たしていません。そして、組織目標もはっきりしないまま日々の業務を行い、その結果、区議、地元有力者などから苦情や叱責を受けて途方に暮れるというものです。加えて19年度は、職員団体（組合）との関係も出ていますので、その対応も管理職の仕事ですから、しっかりと記述するように心がけてください。

　そうしたことを念頭におき、事前に論文を用意することになりますが、これから説明させていただく起承転結の「起と結」の部分は、おおよそどんな課題の論文であっても使えるように、何本か論文を用意しておくことをお勧めします。

　言うまでもありませんが全体で2,000字ですから、第1章は400字、第2章は600字、第3章は700字、第4章は300字を目安にまとめ上げましょう。また、各章の頭には見出しを付け、採点者の興味を引くようインパクトのあるものを準備しましょう。

各章の記述のポイントは次のとおりです。

第1章（起）では、19年度の事例でいえば、なぜ民間委託化が必要なのかについて、国や都の動向を踏まえ区がおかれている社会状況等を総合的に勘案して、自分がこれまでに用意した論文の中で、最も当てはめやすいものを切り口にしてください。

例えば、「民間委託といえば、行政サービスの向上と事務事業の効率化」というようにセットで用意しておき、事例に対応するよう若干のアレンジを加え、あるべき姿と管理職の役割を記していきます。ここで管理職の役割として述べたことは、終始一貫することが大切です。そうでないと、焦点がぼけてしまい何をどうしていくのか、それに向かってどのように管理職としてやっていくのかなど、採点者にとって印象の悪いものとなってしまいます。

第2章（承）では、第1章で述べた視点を踏まえ、事例における課長の問題点、各係長の問題点、組織全体としての問題点を順次記述していきます。

まず、委託化という区政運営上重要な課題に対する課長の安易な姿勢等について、具体的に事例を何点か挙げて指摘していきます。過去の事例を見ると、方針があいまい、担当係長に任せきり、そして進行管理を怠るといったパターンが多いようです。

次に、各係長の問題点の指摘です。おおよそ2〜3人の係長が登場してきます。そして、事業そのものを担当する

係長、庶務担当の係長、さらにその他の係長といった具合です。各係長の指摘についても、事例を挙げ本来係長がなすべき他の係長との連携、課長への報告・相談、部下への指導、課長の前さばきなどの役割について怠っている部分を記述していきます。

　続いて、課全体に係る組織的な問題とその背景を記述します。ここは字数全体の関係もありますので、簡単かつ明瞭な表現を考えておくと本番で役に立ちます

　第3章（転）では、事態収拾を図るための道筋を立てます。もちろん、このような事態を招いたお詫びと今後の方針について上司の了承を得ます。課題の解決にあたって時間的な制約がありますので、即対応を要するもので対外的なことから順次記述します。

　次に、緊急係長会を開き課題解決に向けた道筋を示すとともに具体的な指示を行います。そして、このことを契機に、目標達成を行える組織づくりについて記述します。

　第4章（結）は、自分自身が管理職となっての決意表明です。論文全体の締めくくり部分ですので、第1章で挙げた区政の課題に対応するように注意し、表現などが重複しないようにしてください。なお、実際の試験では想像以上に第2章と第3章で時間を費やしますので、繰り返しになりますが、第1章と第4章は対でパターン化しておくことをお勧めします。

　最後に、よく「試験までに何本か論文を書くといいでし

ょう」と言われますが、日々仕事に追われていると、そうした時間が取れません。私の場合は3カ月程度をかけて、通勤時間を利用して過去の問題の分析・解説を何度も読み返し、パターンをつかみました。その後、試験約1カ月前に論文を1本書き、2週間前にもう1本を書き、それぞれ上司にみてもらいました。そんなに焦ることはありません。いざ書くときには、これまでの経験がものをいいます。自分のペース配分で頑張りましょう。

課題7 特別区における公共施設の有効活用のあり方　（平成20年度出題）

問題

　P区Q部R課は、課の庶務や地域振興を担当するS係、施設の管理運営を担当するT係及び町会との協働推進を担当するU係とで構成されている。R課長は、この4月に着任した。

　P区では、地区センターの利用率の低さが議会で問題になっている。そのため、S係が中心となり、地区センターの有効利用について検討が行われていた。

　着任1カ月後のある日、R課長は、Q部長から庁議の議事録を渡され、次のような指示を受けた。

Q部長：「A地区センターの有効活用については、A地区消防団の強い要望が取り上げられ、1階部分をA地区消防団の詰め所として貸し出すことが庁議で了承された。議会で忙しいとは思うが、できる限り早急な実現を頼むよ」

　初めての議会答弁の準備に追われていたR課長は、地域事情に疎く、本件の経緯も確認せず、S係長に庁議の結果への対応を指示した。

　翌日、S係長がT係長を伴って、R課長席にやって来た。

T係長：「消防団は、主に見回りや防災訓練後の反省

会に、施設を利用するそうです。A地区は、区内有数の閑静な住宅街で、夜間の利用者に対して直接苦情を寄せる住民もいるようですよ。消防団がトラブルの火種にならないかと心配です」

S係長：「消防団の活動は、どこでも住民に受け入れられていますから大丈夫です。T係長の取り越し苦労ですよ」

T係長：「それに、町会連合会を担当しているU係長は、この話を知っているのですか」

S係長：「この件について、U係は全く関係がありませんよ」

　気まずい雰囲気になったため、R課長は、T係長にS係と協力するよう指示し、その場を収めた。

　その週末、S係長は、A地区町会連合会の定例会にR課長の代理で参加した。

　週明け、R課長とU係長が打ち合わせをしていると、S係長が深刻な表情でやってきた。

S係長：「実は、定例会の場で、消防団の施設利用の件について私から水を向けたところ、B長会長が『そんな話は初耳だ。地元に事前の相談もなく、一方的な決定をするとは何事だ。このまま進める気なら、今後一切、区には協力しないぞ。必ずこの話は、新聞記者とX区議にも話すから覚悟するよう、課長に伝えておけ』と大変憤慨して席を立たれてしまいました」

U係長：「えっ。この３月にＢ町会長が前課長との世間話の中で、『あの地区センターは、保育園に変えたらどうかね。我々高齢者の施設を１階に、２階を保育園にすれば、子供との交流が高齢者の生きがいになり、結構なことだ』と、熱心に語っておられました。課長、ご存じなかったのですか」

　さらに追い打ちをかけるように、Ｑ部長から呼び出しの電話が入った。Ｒ課長が駆けつけると、怒りをあらわにしたＱ部長が待ち構えており、その傍らには困惑した表情の広報課長が立っていた。

Ｑ部長：「Ａ地区の住民から、消防団の施設利用に反対する要望書を提出したいとの申し入れがあったそうだ。その上、Ｘ区議がものすごい剣幕で乗り込んできて、『Ａ地区は、保育園が不足しているのを知らないのか。区民のニーズを無視する区のやり方は許せん。この件は、次の議会で取り上げ、問題にする』と、言い捨てていった。Ｒ課長、地元調整もしなかったのか。すべて君の責任だぞ」

広報課長：「全国紙のＣ新聞が、『Ｐ区のお粗末な"協働"の実態』と題して、今週末の特集記事に取り上げると連絡してきました。区にとって非常に不利な状況です。早急に、記者と連絡を取ってください」

　Ｒ課長は、予想外に深刻なことの成り行きに、ただ、うろたえるばかりであった。

課題7 特別区における公共施設の有効活用のあり方

> 　特別区における公共施設の有効利用のあり方について、あなたの考え方を述べたうえで、あなたがR課長であれば、この事例の状況において、どのように対処していくか、この事例に即して論じてください。

論文の作成にあたっての注意

　Ⅱ類論文は、経験豊かな総括係長であるあなたが即戦力の管理者であるかを試すもので、その内容は「特別区政における一般的・具体的諸問題に対し、表現力、理解力、判断力等について」となっています。そこで論文の作成にあたっては、「自らが当事者のR課長に成り代わって、実践的な解決の方策を示すこと」に心がけてください。また、試されるのは管理者としての能力です。係長論文とは異なり課組織を動かし、人を生かした仕事の管理を通じて、確実に結果を出す（＝課題を解決する）内容となるように作成しましょう。

事例の背景

　本事例は、区の方針が課内に徹底されないままに、係長の問題行動とそれを放置した課長の指導力不足から、区政への信頼を失う事態を招くといったものです。課題解決のためには、区民と行政が課題を共有し、いかに解決のため

の役割分担ができるのかといった協働型の行政システムが求められています。こうした分権社会にふさわしい行政システムへ移行していく流れの中で、直面している諸課題に対し、具体的にどのように対応して解決策を切り開いていくかを基本に据えましょう。

事例の整理

　本事例の組織は、P区Q部R課で、「課の庶務と地域振興を担当するS係」「施設の管理運営を担当するT係」「町会との協働推進を担当するU係」で構成されています。主人公はR課長。登場人物は、上司のQ部長、部下のS係長・T係長・U係長、そしてB長会長、X区議、広報課長、C新聞です。

　次に本事例の概要です。P区では利用率が低い地区センターの有効活用の検討が、S係長を中心に行われていました。そして、A地区センターの1階を地元消防団の詰め所として貸し出すことが庁議決定されます。Q部長からは、この庁議決定内容を早急に実現する旨の指示がR課に出されますが、議会答弁の準備に追われていたR課長は、本件の経緯や重要となる地域事情を確認しないままに、その対応をS係長に指示します。

　翌日、T係長が地元との調整を心配してU係長との連携を主張しますが、担当のS係長は楽観的に構えて動きません。気まずい雰囲気になったため、R課長は両係長の

調整をせずにその場を収めてしまいます。

　翌週、R課長の代理でA地区町会連合会の定例会に出席したS係長から、定例会の場で本件について水を向けたところB町会長が憤慨し席を立った事実を知らされます。更に、U係長からは、B町会長が前課長との世間話の中で保育園の設置に関する話をしていたことが、ここにきて知らされます。

　そうしたやり取りをしている最中にQ部長から呼び出しがあり、消防団の施設利用に反対する要望書の提出申し入れやX区議からの抗議があったことを告げられます。また、その場にいた広報課長からは、全国紙のC記者から今回のトラブルを記事にする旨の連絡があったことを告げられ、R課長は窮地に立たされてしまいます。

事例の分析

　本事例の問題点はどこにあるのか、R課長の動きに着目して事例を追ってみます。まず、R課長にはA地区センターの有効活用のために、1階を地元消防団に貸し出すという組織目標を早急に実現する責務があります。そのため最初に、本件にかかる経過や地元との状況などの情報を収集し、把握することが必要になります。しかしR課長は、この情報の確認をしないままに、何をどう判断してS係長等に指示を出しているのでしょうか。課長自らの情報管理に問題があります。

次に、目標実現のためには課内係間での協力体制が欠かせません。しかしＲ課では各係長が連携もせずにバラバラに動いている様子が見てとれます。係長の指導という課長の役割を果たしていないのが第二の問題です。そしてＲ課長は、目標実現のために、いつ、誰が、どのように何をしていくのか、どこまで出来ているのか、いないのかなど、課全体での仕事の進捗管理を怠っているのが第三の問題です。いずれも管理者であるＲ課長にしかできないことばかりです。

　このように「管理者としてのＲ課長が果たすべき実践的なことは何か」に着目して事例を読み込み、論文の構成を描いていきましょう。

課題7 特別区における公共施設の有効活用のあり方　*115*

論文例

1　協働による公共施設の活用

　公共施設に求められる機能は区民の日常生活に密着している。これまで特別区では、人口の増加や区民ニーズに対応し、様々な公共施設を作ってきた。しかしながら、時代の変化と共に区民の価値観も多様化し、これまでの公共施設の中には利用率が低下し役割を終えたものも少なくない。これからの公共施設は、区民ニーズを満足させる地域サービスの拠点として生まれ変わるときである。

　こうした状況において、限られた資源を最大限に活用して区民の最大利益を確保するためには、区民との合意形成を図りながら課題解決する協働の仕組みが欠かせない。区と区民が課題を共有し、十分な協議のもと役割分担と連携の仕組みをつくる事が重要である。

　管理職には、区民の意向を十分反映した施設活用を組織的・計画的に推進する責務がある。そして、協働による効果的な施設活用の実現に向けて、職員の意欲を引き出し、職員が一丸となって課題解決に向かう組織運営を行うことが強く求められている。

2　組織運営を誤ったR課長

　以上の観点で本事例を読むと、R課長の対応には以下の問題点が挙げられる。

第一に、R課長は、区民との協働意識に欠けている。R課には、区の方針に沿った地区センターの有効利活用を、地元理解を得て協働で実現させる使命がある。しかし、R課長は地元との協働で事業を推進する指示を出していない。これはR課長が協働による事業推進の重要性を十分理解していないことが原因である。

　第二に、係長への適切な指導を怠っている。R課長は、課を支える3本柱であるS、T、Uの3係長の役割分担と連携協力がないまま事業を進めている。また、S係長は庶務担当係長として、課内調整の役割を果たしていない。T及びU係長もそれぞれの果たすべき役割と組織課題を把握しておらず、バラバラに動いている。これは、R課長の係長への指導不足が原因である。

　第三に、課題解決にR課全体で取り組む体制を構築しないまま進めている。R課長は、地元との経過を十分に把握せず、事業の推進方針やその手順も示さないままS係長に一任している。加えて、その後の進行管理や意見が異なるS係長とT係長間の調整もしていない。更に、T係長の心配や、U係長からの情報などが活用されないまま事業が進められており、課内で目標達成のための役割分担や進捗状況の管理体制が確立されていない。いずれもR課長が管理職として

の役割を果たしていないことに原因がある。

3 迅速な対応で事業の軌道修正

 以上の問題点を克服するために、直ちに次の通り実行する。

 第一に、混乱を収拾し、信頼を取り戻す。これまでの状況をQ部長に報告のうえ、X区議とB町会長に出向き、不十分な情報で混乱を招いたことを謝罪し、現状を丁重に説明して、誤解をとき、信頼を取り戻す。その上で改めて有効活用の趣旨と今後地元との調整を重ねるなど進め方についての理解と協力を取り付ける。

 第二に、事業を確実に軌道に乗せる。消防団の詰め所としての活用の実現に向けて庁内調整を行う。まず、係長会を開催して課の組織目標を明確にし、事業内容の確認と手順などの方針をとりまとめる。次に、各係の役割分担と実施の期限を各係長に示し、随時、進捗状況を報告させ、必要な軌道修正を図りながら進行管理を行うなど、推進体制を確立する。加えて、節目ごとにQ部長に報告し、指示を仰ぎながら、X区議やB町会長などと事前の調整を図る。また、C新聞への対応やマスコミへの情報提供などについて、広報課と早急に詰めて対応する。

 第三に、中長期的な取り組みとして、R課長の体質

改善を進め、協働の意識を浸透させる。二度と同様の問題を発生させないために、まず係長に対する指導に意を注ぎ、各係の位置付けやその役割の重要性、連携して相乗的な力を発揮することの必要性を理解させ、意識改革を図る。また、職員が主体的に参加する形の課内勉強会を開き、区民の参加協働による公共施設の有効活用について、先進例を交えて学ばせる。

4 海図なき時代の管理職として全力投球

　絶え間なく変化する地域社会の中で、区行政には常に新しい課題が生起している。これら課題に的確に対応するには、課全体が結束して積極的に新たな解決策を紡ぎだして行かなければならない。そのためには、管理職たる課長には社会の変化を見渡す広い視野と深い洞察力に基づく的確な判断力、そして適切な指導力が不可欠である。海図なき今の時代にこそ、管理職の信念と責任に裏付けられた行動が、職員の力を引き出し区民との信頼のきずなを強めて、区と区民との協働による地域づくりを実現させることができる。私は、このことを確信し一層自己啓発と人材育成に努め、職員の先頭に立って全力投球する決意である。

解　説

《基本的な注意》

☆構　成

　Ⅱ類管理職試験は、2,000字の事例論文を通じて、課長に相応しい見識と的確で実践的な解決能力を示すことが求められます。そこで、「起」＝400字、「承」＝600字、「転」＝700字、「結」＝300字を目標に4段に分けて構成するのが有効です。

☆表　現

　論文を採点する採点者の立場に立った配慮が必要です。論旨の明確性と一貫性に加えて、一つの文章は短く、用語を重複使用しないように配慮しましょう。さらに、表現力豊かに個性を際立たせるなどの工夫を凝らしましょう。

☆時間配分

　試験開始後の2時間の時間配分は、20分をレジュメ作成、85〜90分で論文作成、見直しを10〜15分とするのが標準的です。

☆練　習

　そのためには、過去の出題例を参考に練習を重ね、いくつかのパターンに応じて自分の標準原稿を準備し、100分以内には書き上げる力をつけて試験に臨みましょう。練習初期の論文構成を固める段階では、ワードなどOA機器を使い効率的に進め、本番が近づく1カ月前からは手書きで書く練習をします。

各章の記述のポイント

　第1章は、今日の特別区政を取り巻く社会動向や事例課題を受け止めて、事例の背景と課長としての基本的な考えを述べます。論文例では、協働を基本に、最前線の区政の現場での、地元の利害が対立する中で、共有の理解と利益を築き上げる重要性を述べました。その上で、事例で問われている公共施設のあり方に関する基本的なスタンスを書きました。最後に、管理職として果たすべき役割を述べて、第2章につなげています。

　第2章は、事例から読み取れる課長の問題となる行動を的確に摘出し列挙します。その柱立て・切り口の立て方は、様々な事例が出題されても応えられるよう、広く異なる立ち位置（視点）を据えて整理します。論文例では、課長としての「意識」「係長への指導」「課の取り組み体制の構築」など、管理者の職責の基本となる項目に着手して展開しました。

　第3章では、前章で挙げた問題点に確実に応えるとともに、「緊急的に対応すべきこと」「きちんと対応すべきこと」「中長期的に対応すべきこと」など、実際に想定される手順に沿った内容を記述します。最初に、実際に見えている課題・直面している問題状況の解決や混乱の収束を優先します。次に事業を軌道にしっかり乗せて、最後に、問題の背景である、見えていない本質の問題点を解決させます。貴方のこれまでの総括係長としての実務体験を生か

し、2章で掲げた問題点を網羅し細部に立ち入り過ぎないように課長としての取るべき行動を示すよう注意しましょう。

　第4章では、1章での問題提起に立ち返り、改めて管理職としての心構えや決意をまとめます。

◇

　最後に、忙しい実務を担う総括係長として、まとまった時間を確保するのは、大変なことだと思います。しかし机上の空論ではなく、これまでの皆さんが積み上げてきた実践値を的確に論文に表現するように努めれば、筆記考査の突破の道は開けます。

| 実戦課題 | 特別区における指定管理者制度のあり方
（平成21年度出題） |

問 題

　P区Q部R課は、高齢者福祉を主な業務とし、庶務と高齢者施策の総合的な企画調整を担当するS係、高齢者センターの管理運営を担当するT係とで構成されている。R課長は、この4月に着任した。

　R課では、指定管理者により高齢者センターを運営している。前任の課長からは、指定管理者の導入当初は利用者に戸惑いが見られたが、現在では利用者も増え、おおむね順調に運営されているとの引継ぎを受けていた。

　数日後、R課長はQ部長に呼ばれ、次のような指示を受けた。

Q部長：「高齢者センターへの指定管理者導入も3年目を迎え、一定の評価は受けている。しかし、最近では、指定管理者に関する苦情が増えていると聞いている。十分注意してもらいたい」

　R課長は、施設の運営状況を把握するために係長会を開催し、説明を求めた。

T係長：「苦情が増えているといっても、直営の頃に比べ経費的にも大きな効果がでているし、サービスも向上していると思います。確かに、一部には苦情もあ

りますが、指定管理者は限られた委託費で、収益の確保も考えながら運営しています。ある程度の苦情は許容の範囲内ですよ。指定管理者との良好な関係を保つためにも、あまり運営には口出しをしない方がいいですよ」

S係長：「確かに、私の係でも、施設に対する苦情や要望を受ける機会が増えています。指定管理者の導入で、T係の業務量は確実に減っているはずなので、苦情はT係で処理してください。私の係は高齢者の増加で業務量が増えている状況です。T係から一人欲しいぐらいですよ」

T係長：「施設の運営は委託したものの、調整業務があり、業務量は少しも減っていませんよ。職員も忙しく、なかなか施設に足を運べないのが実態です。こうした状況ですから、指定管理者に任せていかないと仕事が回らないし、任せられなければ指定管理者導入は失敗ですよ」

　R課長は、高齢者センターの現場の実態把握が不十分で、各係間の協力体制にも不安があると感じながら、T係長には、至急、苦情の実態を調査して報告するよう指示し、その場を収めた。

　その後、T係長からの報告が遅いとは思いながら、R課長自ら現場を確認することもないまま、時間が過ぎた。

5月上旬、例年開催される地域意見交換会の終了後、高齢者センターのあるU町の町会長に呼びとめられた。

U町会長：「あの施設の委託業者は、対応が悪い。光熱水費の節約とか言ってロビーや階段の照明は暗いし、閉館時間の20分前には追い出される。区がやっていたときの方が良かった。この施設を造るときには、地元の利用者に配慮すると言ったから開設に協力したんだ。それに、私のグループの利用状況を他の利用者に勝手に教えていた。こんな業者に施設の運営を任せていくなら、今後は一切、区の事業には協力できない」

　R課長は、U町会長には、日を改めて話をするということでその場を繕った。

　翌日、R課長はQ部長に呼び出された。

Q部長：「B新聞から取材の申入れがあった。高齢者センターの階段で高齢者がけがをしたということだが、なぜ報告をしないのかね」

　その時、X区議が険しい表情で入ってきた。

X区議：「高齢者センターの指定管理者が、利用者の個人情報を他の利用者に漏らし、利用者間で、もめているらしい。U町会長から怒りの電話が入った。大問題だ。この指定管理者は対応も評判も悪い。業者をすぐにでも変更すべきだ。次の議会で徹底的に追及する

ぞ」

　X区議は、厳しくしっ責し、帰って行った。
Q部長：「君には、あの指定管理者には十分注意するよう指示したはずだ。所管課長として、現場の状況を全く把握していないのか。失望したよ」

　R課長は、X区議とQ部長の言葉に、血の気の引く思いであった。

　特別区における指定管理者制度のあり方についてあなたの考えを述べた上で、あなたがR課長であれば、この事例の状況においてどのように対処していくか、この事例に即して論じてください。

特別区管理職試験Ⅱ類 事例式論文必勝法　定価：本体1,200円＋税
合格論文の書き方とポイント

平成22年7月16日　初版発行
編集人　㈱都政新報社　出版部
発行人　大橋　勲男
発行所　㈱都政新報社
　　　　〒160-0023　東京都新宿区西新宿7-23-1　TSビル
　　　　TEL 03(5330)8788　FAX 03(5330)8904
　　　　http://www.toseishimpo.co.jp/
印刷・製本　藤原印刷株式会社

ISBN978-4-88614-198-9　C2030　　　　　　Printed in Japan
©2010 TOSEISHINPOSHA
乱丁・落丁はお取り替えいたします。